Andrea Hündlings

Wasser forscher

& Luft ikusse

Ausgearbeitete Experimentierstunden für 4- bis 7-Jährige

Verlag an der Ruhr

Impressum

Titel:	**Wasserforscher und Luftikusse**
	Ausgearbeitete Experimentierstunden für
	4- bis 7-Jährige
Autorin:	Andrea Hündlings
Illustrationen:	Astrid Wilkesmann
Fotos:	Andrea Hündlings
Druck:	Druckerei Uwe Nolte, Iserlohn
Verlag:	Verlag an der Ruhr
	Alexanderstraße 54 – 45472 Mülheim an der Ruhr
	Postfach 10 22 51 – 45422 Mülheim an der Ruhr
	Tel.: 02 08/439 54 50 – Fax: 02 08/439 54 239
	E-Mail: info@verlagruhr.de
	www.verlagruhr.de

© **Verlag an der Ruhr 2007**
ISBN 978-3-8346-0237-4

**geeignet für
die Altersstufe**

Gedruckt auf chlorfrei gebleichtes Papier.

Die Schreibweise der Texte folgt der neuesten Fassung
der Rechtschreibregeln – gültig ab August 2006.

Inhaltsverzeichnis

Luft

Wasser

Inhaltsverzeichnis

Anziehen und Abstoßen

Anhang

Der Kindergarten

Im evangelischen Kindergarten Arndtstraße in Essen-Kettwig werden 50 Kinder im Alter von 3 bis 6 Jahren, davon 2 Kinder mit Behinderung in Einzelintegration, nach dem Konzept der offenen Gruppenarbeit betreut. Das ausführliche Vorschulprogramm umfasst im wöchentlichen Angebot neben dem klassischen Vorschulunterricht musikalische und religiöse Erziehung, Turnen, Wandern und Englischunterricht. Zusätzlich wird seit 2004 einmal wöchentlich naturwissenschaftlich experimentiert. Darüber hinaus werden intermittierend Stilleübungen, Kunstprojekte, Besichtigungen und Ausflüge angeboten.

Die Autorin

Dr. Andrea Hündlings ist Ärztin und Diplom-Mathematikerin. Durch ihr Doppelstudium verfügt sie über ein fundiertes naturwissenschaftliches Grundwissen. Sie arbeitet in der Klinik für Psychiatrie und Psychotherapie des Kinder- und Jugendalters der Rheinischen Kliniken Essen, Universität Duisburg-Essen. Als Mutter zweier Söhne kam sie auf die Idee, naturwissenschaftlichen Unterricht im Kindergarten ihrer Kinder anzubieten. Seit 2004 führt sie im dritten Jahrgang Experimente mit den Vorschulkindern durch.

Vorwort der Autorin

„Das Staunen ist eine Sehnsucht nach Wissen."
Matthias Claudius

Experimente halten Einzug in den Kindergartenalltag. Für eine Naturwissenschaftlerin wie mich ist es eine wunderbare Vorstellung, bereits den Kleinsten die Schönheit der Natur und ihre Gesetzmäßigkeiten zu vermitteln. Skeptiker fürchten, dass wir unseren Kindern immer früher immer mehr Bildung zumuten, statt ihnen Raum zu geben, sich nach ihrem individuellen Zeitplan zu entwickeln und ihre eigene Bereitschaft zum Lernen zu zeigen.

In der Arbeit mit den Kindern erfahre ich aber, dass sie nur darauf gewartet haben, dass ihnen jemand Antworten anbietet auf Alltagsfragen, Erklärungen für Dinge, die sie täglich erleben. Mit meinem Angebot möchte ich diese Bereitschaft bestärken und Neugier und Interesse an den Naturwissenschaften fördern. Ich möchte intuitive Vorstellungen entwickeln, Ideen, warum was wie geht.

Ich hoffe, dass unsere Kinder sich gerne an naturwissenschaftliche Experimente erinnern, anders als wohl die meisten Erwachsenen heutzutage, die bei den Themen Physik und Chemie zumeist an zwei „knochentrockene" Fächer denken, die sie beim Verlassen der Schule gerne ein für alle Male hinter sich gelassen haben. Auch viele PädagogInnen, die heute die Forderung nach naturwissenschaftlicher Bildung im Kindergarten umsetzen sollen, tragen vermutlich diese Skepsis in sich, verbunden mit der Sorge, nicht genügend Antworten geben zu können auf Fragen nach den alltäglichen Wundern dieser Welt.

Nun haben Sie dieses Buch zur Hand genommen und damit einen ersten Schritt getan, die spannenden Seiten der Naturwissenschaften zu entdecken. Denn dieses Buch will nicht nur helfen, dass Ihre Kindergartenkinder Naturgesetze schon sehr früh verstehen lernen. Vielmehr hoffe ich, dass es mir gelingt, in erster Linie Sie zu begeistern. Seit ich im Kindergarten experimentiere, staune ich selber immer wieder über Alltagsphänomene und wie leicht sie verständlich gemacht werden können. Aber auch von Eltern und PädagogInnen höre ich immer wieder: „Das ist ja spannend, das habe ich ja selber nicht gewusst." Und so hoffe ich, dass es Ihnen einfach Spaß machen wird, die Welt besser zu verstehen und sich faszinieren zu lassen.

Sollte es nicht gelingen, dass der Funke beim Lesen dieses Buches überspringt, so werden die Kindergartenkinder Sie begeistern, wenn Sie die Experimente mit Ihnen erleben. Seien Sie sicher, dass die Kinder Sie mit ihrem Staunen anstecken – und dass schließlich die Kinder Ihnen Gottes wunderbare Schöpfung erklären werden.

Andrea Hündlings

Vorwort des Kindergartenteams

Wie kann eine Rakete fliegen?

Gehen Tomaten in Salzwasser unter?

Wie können Ohren Schallwellen hören?

Kennen Sie die Antworten auf diese Fragen? Andrea Hündlings kennt sie. Und sie hat nicht nur das Fachwissen, sondern auch die wundervolle Gabe, den Kindern darauf Antworten geben zu können.

Angefangen hat alles damit, dass ihr Sohn Jan David in unseren Kindergarten kam. „Ich möchte mich gerne ein wenig engagieren," sagte sie. „Naturwissenschaften, das ist mein Ding. Jede Woche eine kleine Experimentierstunde, das wäre eine gute Sache." Doch daraus ist mehr geworden, viel mehr: Da flogen Luftballonraketen an einer Schnur durch den Raum, da drängelten Moleküle aus Kindern mal langsam, mal schnell, da wurde Salz in Wasser versteckt und wiederentdeckt. Und die Kinder waren gefesselt und voller Staunen über eine Welt, die aus so viel mehr besteht, als nur dem Sichtbaren und direkt Erfahrbaren.

Unsere Kindergartenkinder sind wirklich zu kleinen Forschern geworden. Nichts ist vor ihnen sicher, alles wird jetzt mit Entdecker- und Erfinderaugen gesehen.

Wir möchten uns bei Andrea Hündlings ganz besonders dafür bedanken, wie liebevoll und behutsam sie mit den Kindern in Kontakt steht. Jeder Gedanke der Kinder wird ernst genommen, jedes AHA-Erlebnis freudig begrüßt, jede Frage gewürdigt.

Wir freuen uns mit ihr über die Veröffentlichung ihrer Arbeit, von der auch nun viele andere Kindergärten profitieren können. Unsere Kinder und unser Team, wir alle bedanken uns bei Andrea, die es durch ihre positive und warmherzige Ausstrahlung geschafft hat, Gottes Schöpfung nicht nur wissenschaftlich, sondern auch mit offenem Herzen zu betrachten.

Das Kindergartenteam des Kindergartens an der Arndtstraße in Essen-Kettwig

Maike Schölzel

Kindergartenleiterin

Monika Hoffmann

Erzieherin

Wasserforscher und Luftikusse

Bereiten Sie sich gut vor

Probieren Sie alle Experimente vorher mindestens einmal aus. Vieles hört sich einfach an und das Meiste ist es auch. Für die Arbeit mit Kindern ist es aber wichtig, dass es auf Anhieb klappt. Das erhält die Spannung und die Aufmerksamkeit.

Beim Experiment „*Trommelfell*" (siehe Seite 81) beispielsweise war ich sehr enttäuscht, als kein Reiskorn in die Höhe sprang. Verschiedene Töpfe aus meinem Schrank habe ich probieren müssen, um zu wissen, welcher der richtige ist und wie ich die Schallwellen losschicken muss.

Die Wasserwellen (Experiment: „*Welle im Wasser*", siehe Seite 76) konnte ich im Edelstahltopf kaum erkennen. Mit einem schwarz beschichteten Topf, Augenhöhe ca. 10 cm über der Wasseroberfläche und gegen das Licht geschaut war ich fasziniert von der sich rasch ausbreitenden Welle, die am Topfrand reflektiert wird und in die Mitte zurückkehrt.

Kleine Experimentierunfälle können allerdings zu großer Erheiterung führen: Als Luca die Mineralwasserflasche mit Luftballonmütze (Experiment: „*Mineralwasserbläschen im Luftballon*", siehe Seite 62) kräftig geschüttelt hatte, versagte plötzlich die Haftreibung am Flaschenhals, sodass ein ordentlicher Regen auf uns niederging. An dieses Experiment werden sich sicher alle noch lange erinnern.

Schauen Sie über den Tellerrand

Erinnern Sie sich an Ihre Schulzeit? Auf das ständige Vertrösten, dass wir etwas erst später verstehen können, haben wir etwa ab Klasse 9 mit der Antwort reagiert: „Wir freuen uns schon auf Klasse 13, denn da werden endlich alle unsere Fragen beantwortet." Wenn's geht, so machen Sie es anders: Bereiten Sie sich nicht nur auf das nächste Experiment vor, sondern besser gleich auf eine Experimentierserie, denn die Kinder bringen Fragen und eigene Ideen ein, die es sich lohnt, wenn möglich, direkt zu beantworten. So ist womöglich das für die dritte Stunde geplante Experiment die Antwort auf eine heute gestellte Frage. Werfen Sie Ihr Konzept vielleicht einfach über den Haufen und lassen Sie sich von den Gedanken der Kinder leiten.

Vorbereitungstipps

Lassen Sie die Kinder machen

„Sage es mir, und ich vergesse es;
zeige es mir, und ich erinnere mich;
lass es mich tun, und ich behalte es."
Konfuzius

Jedes noch so spannende Experiment bleibt doch auch ein bisschen langweilig, wenn nicht jedes Kind es selbst einmal gemacht hat. Wenn sich beispielsweise bei der Wasser-druckerfahrung (Spiel *„Unten drückt es doller"*, siehe Seite 127) alle Kinder schon beim Ansehen übereinandergestapelter Kinder vorstellen konnten, dass es dem untersten Kind am meisten drückt, so wollte es doch jeder einmal spüren. Jeder wollte selbst einmal eingedrückt werden, denn erst das hinterlässt bleibende „Eindrücke". Deshalb habe ich die Experimentierstunden mit wachsender eigener Erfahrung mehr und mehr dahin aus-gerichtet, dass jedes Kind (beinahe) jedes Experiment selbst durchführt.

Zum selbstständigen Experimentieren gehört neben der persönlichen Durch-führung der Experimente durch jedes Kind auch die Entwicklung eigener Ideen. Lassen Sie die Kinder immer wieder mitdenken und eigene Vermutungen aufstellen, beispielsweise: Wie könnte man ein Experiment aufbauen? Was wird passieren? Warum wird das passieren? Kauen Sie den Kindern keine Experimente vor, sondern nehmen Sie auf, was die Kinder selbst an eigener Inspiration einbringen. So war beispielsweise die Idee der Kinder, das Salz aus Salzwasser mittels einer Filtertüte zurückzugewinnen, nicht die schnellste Lösung, aber eine mögliche, die ich gerne aufge-griffen habe (Experiment: *„Langsame Salzrückgewinnung"*, siehe Seite 138).

Lassen Sie sich inspirieren

Die Kinder haben viele Fragen. So blieben sie nach der Herstellung einer eigenen „Bodenwolke" unzufrieden: „Aber Wolken können doch auch fliegen!" (Experiment: *„Wolken fliegen"*, siehe Seite 103). Ich habe diese Frage gleich aufnehmen können und auch unsere Wolke von einem selbsterzeugten Wind wegpusten lassen.

Andere Kinderideen benötigen weitere Vorbereitungen: Als Floyd nach dem Regenversuch (Experiment: *„Regen"*, siehe Seite 103) vorschlug, *blauen Regen* zu machen (siehe Seite 105), musste ich zunächst eigene Erfahrungen machen und Material beschaffen. Den Ideengeber Floyd in diese Vorexperimente mit einzubeziehen, ist darüber hinaus für die Kinder eine spannende Sache, insbesondere, wenn sie selbst anschließend den übrigen Kindern ihr eigenes Experiment vorführen können.

Nachdem wir *„Pulmine"* (siehe Seite 36) und mit ihr erste Anatomiekenntnisse erworben hatten, brachte Emma einen Kamelknochen (einen Wirbel) mit in den Kindergarten. Sie hatte verstanden, dass er zu unseren Themen passt. So haben wir über unsere Wirbelsäule und den Wirbelkanal gesprochen.

Hausaufgaben machen Spaß

Im Vorschulalter haben wir es leichter: Die Kinder machen gerne Hausaufgaben, insbesondere, wenn es sich um kleine Experimente handelt. Frederick beneidete meine eigenen Kinder: „Ihr habt es gut, ihr könnt ja immer experimentieren!" Deshalb schlagen wir den Eltern zu Beginn der Experimentierstunden vor, eine kleine Materialkiste mit folgendem Inhalt zu Hause bereitzustellen: drei Marmeladengläser mit Deckel, ein paar Strohhalme mit Knick, ein durchsichtiger Strohhalm, einige Luftballons (sowohl runde, als auch lange, „wurstförmige"), ein bisschen Wolle, eine leere quaderförmige Margarinedose, Gummibänder … Unseren *Elternbrief* dazu finden Sie auf Seite 173.

Gerne geben wir den Kindern kleines Experimentiermaterial (Marmeladenglas, Teelicht, Strohhalm, etc.) auch mit nach Hause, denn das erhöht die Wahrscheinlichkeit, dass die Kinder das Thema zu Hause vertiefen. Stolz zeigt Jakob seinem großen Bruder, wie man eine Rakete fliegen lassen kann (Experiment *„Raketenantrieb"*, siehe Seite 72). Darüber hinaus habe ich gelegentlich Experimente beschrieben und den Kindern als Brief für die Eltern mitgegeben. Zum Weiterexperimentieren haben wir den Kindern diese Materialien auch in der Experimentierecke bereitgestellt, die darüber hinaus mit einem Spülbecken, Tisch und Stühlen sowie mit einem abwischbaren Fußboden ausgestattet ist.

Vorbereitungstipps

Modelle

Um den Vorschulkindern die Lunge zu erklären, habe ich meine Hände auf den Brustkorb gelegt und erklärt, dass darin die Lungen mit der Luft seien. Daraufhin guckte Kim ganz verwirrt, denn sie habe immer gedacht, darin sei die Milch. Ein Modell musste her, an dem man von außen und innen, von vorne und hinten nachschauen und begreifen kann, was wo in unserem Körper wohnt und lebt. So ist *„Pulmine"*(siehe Seite 36) entstanden.

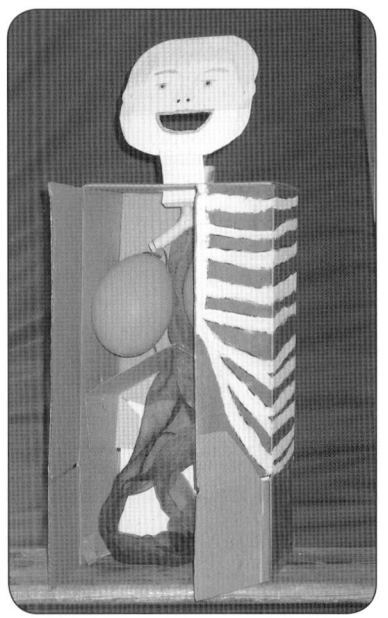

Selten habe ich Material erwerben müssen, die meisten Sachen gehören zu einem normalen Haushalt, in dem mit ein bisschen kreativer Fantasie nicht alles in den Hausmüll geworfen wird, was zunächst nutzlos erscheint (dazu bedarf es aber eines toleranten Ehemannes). Darüber hinaus hatte ich den Vorteil, mit dem Experimentieren nach einer Renovierungsphase zu beginnen, in der noch ein paar Gegenstände aus dem Baumarkt in meinen Bastelschrank gewandert waren.

Die Modelle lassen die Versuche plastischer werden. Das Experiment *„Trommelfell"* (siehe Seite 81) allein ist sicher auch spannend. Unseren Vorschulkindern fällt es aber schwer, aufgrund einer Luftballonmembran über einem Honigglas die Funktion eines Trommelfells im Gehörgang zu verstehen, wenn dies lediglich verbal erklärt wird. Das Ohrmodell dagegen macht die Übertragung des Versuchs auf anatomische und physiologische Bedingungen leicht. So habe ich immer Wert darauf gelegt, durch Modelle Bilder im Kopf der Kinder entstehen zu lassen, statt mit vielen Worten Zusammenhänge zu beschreiben.

Mit allen Sinnen erleben

Vieles bekommen wir im Leben erzählt in der Hoffnung, dass wir uns daran erinnern werden. Vielleicht erklären wir den Kindern auch anhand von Bildern oder Modellen.

Zum Erleben gehören aber noch drei weitere Sinne. Immer wieder alle Sinne anzusprechen, wird uns nicht immer gelingen, dennoch ist es unser Ziel, zu riechen, zu schmecken und zu fühlen, um die Experimente und deren Ergebnisse auf vielen Kanälen in die Gehirne der Kinder zu schicken. So lassen die Kinder beispielsweise Eiskonfekt in ihren Händen schmelzen, um „hautnah" zu fühlen, wie aus einem festen Stoff ein flüssiger wird (Experiment „Schokolade schmilzt" siehe Seite 118).

Emotionen

An welche Ereignisse Ihrer Kindheit erinnern Sie sich? Es sind die Momente großer Gefühle. Diese haben geholfen, das Erlebte in dauerhafter Erinnerung zu behalten. Überraschendes erhält nicht nur lange die Aufmerksamkeit der Kinder, die Spannung und ihre Auflösung sind Ereignisse, die den Tag überdauern können, auch wenn nicht jedes Experiment ein Highlight im Leben der Kinder sein kann.

So berichten die heute erwachsenen Mitschüler meines Bruders von einem Experiment, bei dem er in der Grundschule beim Kopfstand getrunken habe, um damit die Peristaltik der Speiseröhre zu erklären, die Nahrung auch gegen die Schwerkraft in den Magen transportieren kann (Experiment „Trinken bei Kopfstand", Seite 52). Einigen unserer Kinder war dieses Experiment zunächst zu gefährlich. Nachdem Jan es für alle getestet hatte, trauten sich nach und nach aber fast alle Kinder, es auszuprobieren. Spaß, Spannung und vielleicht ein bisschen Erwartungsangst können die Gefühle sein, die helfen, dass Erfahrungen der Kinder im Langzeitgedächtnis präsent bleiben.

Geschichten und Bilder

Ich bin der festen Überzeugung, dass Kinder schon sehr früh ein naturwissenschaftliches Verständnis für die Welt entwickeln können. Schon mit fünf Jahren hat sich beispielsweise Markus selbst die Welt erklärt: „Wäsche trocknet, weil das Wasser aus der Wäsche heraustropft, wenn sie an der Leine hängt." Kinder wollen schon im Vorschulalter ihre Welt verstehen. Und so sollten wir ihnen dabei behilflich sein.

Mit dem Einzug von Experimenten in den Kindergarten brauchen wir Bilder, Geschichten und Vergleiche, um Kindern schon in ihrer magischen Phase Naturphänomene vermitteln zu können. Wir nehmen nicht nur gerne ein Beispiel als „Beweis" für ein großes Natur-

Vorbereitungstipps

gesetz an, sondern wir beleben die Natur sogar an Stellen, die in der Tat unbelebt sind. Einmal schreibe ich beispielsweise dem Wasser „Neugierde" zu (Experiment *„Wasser fällt runter"*, Seite 159). Die Neugierde ist doch die Kraft in den Menschen, weshalb sie an spannenden Themen „kleben" bleiben. Es ist also ein Bild für die Kraft, die zwischen Händen und Wasser wirkt, wenn diese nach dem Händewaschen auch mit Schütteln nicht vollständig trocken werden.

Ein anderes Mal ließen wir eine Blume rufen: „Ich brauche Kohlendioxid. Ich brauche Kohlenstoff!" (Experiment *„Pflanzensauerstoff sehen"*, Seite 54)

Nachdem alle Kinder die Blumen hatten rufen lassen, vertraute ich den Kindern an: „Mal ehrlich, euch kann ich es ja sagen: Blumen können gar nicht sprechen." Die Kinder grinsten stolz, dass sie als Große anerkannt werden, die Zusammenhänge auch ohne solche Geschichten verstehen können. Aber dann ließen alle die Blumen flüstern …

Malen – Basteln – Singen – Spielen

Um zu vertiefen, was die Kinder beim Experimentieren erfahren haben, eignen sich die üblichen Aktionen eines normalen Kindergartenalltags. Ich habe Geschichten erzählt, gemalt, gebastelt, gesungen, getanzt und gespielt, um mit allen Sinnen zu spüren und zu erleben, welchen Gesetzen die Natur folgt. Die Spiele, die ich mit den Kindern durchführe,

vermitteln den Kindern die erklärte Theorie spielend. So werden die Naturgesetze in Spielregeln verwandelt, die alle Kinder verinnerlichen müssen, um mitzumachen. Statt Lehrsätze wie in vergangenen Zeiten nachzusprechen, werden in Bewegung und Spaß Naturgesetze nachempfunden. Insbesondere am Ende der Stunde helfen die Spiele, bei sinkender Konzentration noch einmal alle Kinder zu erreichen. Ganz nebenbei lernen die Kinder intuitiv ohne große theoretische Erklärung die Teilchentheorie kennen, die Grundlage chemischer, physikalischer oder biologischer Prozesse ist: Materie setzt sich aus Teilchen, Atomen oder deren Kompositionen, den Molekülen, zusammen. Die Kinder werden beim Spiel zu Teilchen und verhalten sich nach den im Experiment zuvor erforschten Naturgesetzen.

Spielen Sie die Spiele auch anschließend beim Turnen. Und keine Sorge: Das Turnen wird dadurch nicht theoretischer, sondern die Naturgesetze sportlicher.

„Stunden"

Im Folgenden habe ich die Abschnitte „Stunden" genannt. Wie lang ihre einzelnen Einheiten sein sollen, werden Sie selbst entscheiden. In der Experimentiersituation mit den Kindern geht selten eine Stunde wie geplant zu Ende. Die Kinder bringen Erfahrungen und Fragen mit, die Zeit brauchen. So werden oft aus zwei Stunden drei Einheiten, in denen ich die beschriebenen Inhalte vermittle. Üblicherweise dauert eine „Experimentierstunde" 30 bis 60 Minuten.

Alter und Anzahl der Kinder

Die Experimentierreihe habe ich mit unseren Vorschulkindern im Alter von 4 bis 6 Jahren durchgeführt. Dabei habe ich eine Gruppengröße von 6–10 Kindern bevorzugt. So kommen alle Kinder mit ihren Fragen und Ideen zum Zuge. Beim Experimentieren bleibt für jedes Kind genügend Zeit, Hilfestellung zu leisten. Hier habe ich großen Wert darauf gelegt, die Kinder zu gegenseitiger Hilfe anzuregen.

Gerne besuchen uns in den Schulferien auch ehemalige Kindergartenkinder, sodass in einigen Stunden bis zu 9-jährige Kinder teilgenommen haben. Unsere Vorschulkinder waren sehr stolz, den „Großen" die durchgeführten Experimente in einem größeren Zusammenhang zu erklären, da sie mittlerweile über einen umfangreicheren Wissensschatz verfügen als die Schulkinder. Diese waren aufgrund ihrer persönlichen Entwicklung rasch in der Lage, die Zusammenhänge nachzuvollziehen und mitzumachen. Sie haben schnell gute Ideen entwickelt und waren nicht weniger begeistert bei der Sache als ihre kleineren Mitstreiter.

Vorbereitungstipps

Projekte im Kindergarten

Viele Kindergartenprojekte orientieren sich an den Festen im Jahresverlauf. Hier finden Sie eine Übersicht, wie die Experimente verschiedenen Projekten zugeordnet werden können:

Projekte	Experimente	Seite
Frühlingserwachen	Wasser klettert	161
	Pflanzensauerstoff sehen	54
Sommer	Hydrostatischer Druck	126
Herbst/Erntedank	Essen und Schlucken	45–53
	„Kleines Feuer ohne Flamme"	30
	Pflanzensauerstoff sehen	54
Gartenprojekt/Bauernhofbesuch	Wasser klettert	161
	Pflanzensauerstoff sehen	54
Winter	Aggregatzustände fest – flüssig – gasförmig	113–118
Weihnachten	Weihnachtspyramide	149
Weltraumprojekt	Raketenantrieb	72
Wetterprojekt	Aggregatzustände Wolken und Regen	102–106
Musikwerkstatt	Akustik-Experimente: Schallwellen, Trommelfell, Hören, Musik	74–93
Kinderbäckerei	Backen	63–68

Was Sie alles brauchen werden

Die meisten Dinge, die ich zum Experimentieren oder Basteln benutzt habe, werden Sie in Ihrem Kindergarten oder Haushalt bereits vorfinden. Daher habe ich diese im Folgenden gar nicht mehr mit aufgezählt. Einiges werden sie ansammeln müssen und es benötigt deshalb ein wenig Vorlauf, um genügend Material zusammenzubekommen. Vielleicht können mit einem Aushang aber auch die Kinder und Eltern aufgefordert werden, sich an der Sammelaktion zu beteiligen. Wenige Dinge wird es nur im Fachgeschäft zu kaufen geben. Damit Sie nicht für jedes Experiment einzeln losfahren müssen, gebe ich Ihnen hier einen Überblick über alles, was Sie evtl. zusätzlich besorgen müssen und nicht in Ihrer Einrichtung parat haben werden.

- **Aus der Küche**
  Gefrierschrank, Wasserkocher, Mixer mit Knethaken, Backofen, Kastenform oder Backblech, Herd, Sodastreamer mit Flasche, Wasserkessel, hohe Schüssel, Glasschüssel, große Rührschüssel, Schälchen, schwarz beschichteter Topf, Topfdeckel, Metallschüssel, hohe Glasvase, Eiswürfelform, Trichter, Gummiringe, Backpapier, Knickstrohhalme, Fliegenklatsche, Gefrierbeutel, Filtertüte, Pinsel zum Einfetten, Zahnstocher, weißes Küchenpapier, durchsichtige Strohhalme unterschiedlicher Dicke

- **Lebensmittel**
  Eiskonfekt, Kekse, Pfefferminztee, Selleriestange, Margarine, Aufschnitt, Saft, Mineralwasserflasche mit viel Kohlensäure, Dinkelmehl, Buchweizenmehl, Hefe, Zucker, Reis, Leinsamen, Sesam, Sonnenblumenkerne, Apfelessig, Salz, Backpulver, Essigessenz, Sonnenblumenöl, Lebensmittelfarbe, Tomaten, Äpfel

- **Aus dem Bastelbereich**
  Nähmaschine, „Kinderfeuerzeug" (Feuerzeug mit Taste an Stelle eines Rädchens), Streichhölzer, lange Streichhölzer, Teelichter für alle Kinder, (grünes) Teelicht, Kerzenlöscher, beigefarbenes DIN-A4-Papier, Kartons, Schaumstoff, Perlen, 30 cm langer, dünner Draht, Pfeifenputzer, gelb-rötlicher Gardinenstoff (ca. 200 cm x 50 cm), Garn, gelbe Wolle, weiße Fingerfarbe, Klebestreifen, Klebepunkte, Teppichmesser, Zange, Prickelnadel mit Prickelunterlage, Stopfnadel, Korken, Musterklammer, Büroklammern, dicke Nadel, Schrauben, Nägel, 30 cm langes, dünnes Plastiklineal

Vorbereitungstipps

- **Sammlerstücke**
  unterschiedlich große Marmeladengläser mit Deckel, leerer Milchkarton mit Schraubverschluss, quaderförmige Margarinedosen, Honiggläser, unterschiedlich farbige und verschieden große, bunte Flaschen, kleine Glasflasche mit breiter Öffnung, dünnwandige Plastikflasche (z. B. eine Einwegmineralwasserflasche, mindestens 1 Liter), Glasfläschchen

- **Aus dem Kindergarten**
  Pinnwand, Turnreifen, weiße Tischtennisbälle, zwei Leitern (oder eine Leiter und eine Sprossenwand), große, durchsichtige Plastikkiste, Luftballons, zwei rosa Luftballons, Blockflöten, Seifenblasen, Steckerbild mit Steckern, Plastikwürstchen (aus dem Kaufladen), Puppentöpfchen, Matratze, Rollbrett, wasserfeste Spielfigur mit Regenschirm (z.B. von Lego-Duplo), Knete, 50 ml Perfusorspritze oder 10 ml Spritze oder leere Shampooflasche mit kleiner Öffnung oder Spritztiere, blaue Decke, Weihnachtspyramide, zwei kleine Glasscheiben (z.B. von Bilderrahmen), „Stinkewindel"

- **Aus dem Kleiderschrank**
  Bluse

- **Aus dem Baumarkt**
  Kabelkanal, Kalksandstein oder anderer schwerer, aber griffiger Stein

- **Aus dem Aquariumhandel**
  Wasserpest, Aquariumkies

- **Im Gemeindehaus**
  Flügel, Orgel

Wasserforscher und Luftikusse

Luft

Ich erinnere mich gut, beim Erlernen der Regeln für Groß- und Kleinschreibung ins Grübeln gekommen zu sein: „Alles, was man sehen oder anfassen kann, schreibt man groß." Was ist dann mit Luft? Ist „die Unsichtbare" wirklich da? Sie umgibt uns, wir atmen sie, aber sehen können wir sie nicht. Umso mehr eignet sich „die Allgegenwärtige", sie in Experimenten sichtbar zu machen und ihre Existenz zu beweisen. Und dann sind auch die Rechtschreibregeln nicht mehr anzuzweifeln: „Der Stein – das Wasser – die Luft."

Wasserforscher und Luftikusse

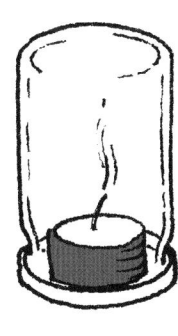

Sauerstoff und Kohlendioxid

Zunächst wollen wir die Existenz der Luft feststellen. Danach werden uns ihre chemischen Eigenschaften weiter interessieren. Dabei lernen wir Sauerstoff und Kohlendioxid als wichtige Bestandteile der Luft kennen.

Experimentierstunden:
1. Nicht zu sehen und doch da (S. 22)
2. Sauerstoff (S. 27)
3. Lungenluft (S. 33)
4. Essen und Schlucken (S. 45)
5. Sauerstoff – bald alle? (S. 54)
6. Kribbelwasser (S. 58)
7. Backen (S. 63)

1. Nicht zu sehen und doch da

Bevor wir so richtig beginnen, singen wir den Refrain und die erste Strophe vom Vorschulkinderlied (siehe Seite 171). Ab jetzt singen wir dies jeweils immer zu Beginn und zum Ende einer Experimentierstunde.

Nun soll es aber endlich so richtig mit dem Experimentieren losgehen. Ich habe den Kindern etwas von zu Hause mitgebracht. Es ist in einem verschlossenen Marmeladenglas. Dieses steht auf dem Tisch in der Mitte. Wir geben es herum, damit jeder es genau betrachten kann.
„Da ist gar nichts drin."
„Ich brauche mal eine Lupe, vielleicht finde ich es dann." „Ich sehe nichts." Die Kinder suchen intensiv und sind sich dann doch sicher: Das Glas ist leer.

Experiment:

Luft im Glas

Material:
- „leeres" Marmeladenglas mit Deckel
- große, durchsichtige Plastikkiste oder Glasschüssel
- Leitungswasser

So geht's:
„Wenn etwas herauskommt, dann ist auch etwas drin gewesen." Meiner Behauptung stimmen die Kinder zu. Wir überlegen, wie wir etwas aus dem Glas herausbekommen: mit gießen, mit schütten, mit der Hand hineinfassen. Mit all diesen Maßnahmen gelingt es nicht, im Glas einen Inhalt zu finden. Ich schlage vor, etwas anderes ins Glas zu füllen, das den jetzigen Inhalt verdrängt.

1. Nicht zu sehen und doch da

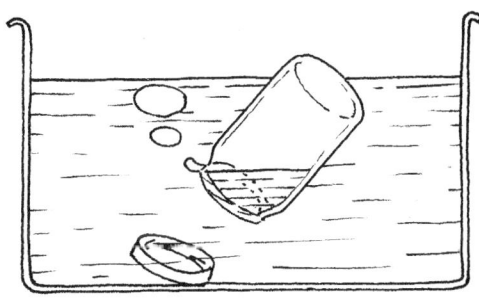

Wir holen eine durchsichtige Plastikkiste oder eine Glasschüssel (bei der es allerdings zu verzerrenden Lichtbrechungen kommt, die die Kinder irritieren und ablenken, deshalb bevorzuge ich die Plastikkiste mit ihren planen Wänden). Wir füllen diese mit Leitungswasser und tauchen das Glas unter, wobei wir den Deckel nach unten halten. Langsam schrauben wir den Deckel ab.

Die Spannung erreicht ihren Höhepunkt, denn die Kinder ahnen noch immer nicht, was die Antwort ist. Dann halten wir das Glas schräg. Fasziniert bestaunen die Kinder Luftblasen, als sähen sie sie zum ersten Mal. „Cool!", meint Mike, aber Maren ist empört: „Ich habe schon vorher gewusst, dass da Luft drin ist!" Nun halten nacheinander alle Kinder ein Glas ins Wasser und machen Luft als Bläschen sichtbar.

Im Alltag:

Luft sehen

Luft ist sichtbar, aber nur indirekt: Wenn sie Wasser verdrängt, sehen wir Bläschen. Wenn sie sich bewegt, wiegt sie Bäume hin und her oder zerzaust unsere Haare. Nun wollen wir aber die Luft für uns alle sichtbar machen und überlegen, wie wir Luft sonst noch wahrnehmen können.

1. Nicht zu sehen und doch da

Experiment:

Luft fühlen, riechen, hören und sehen

Material:

- Föhn
- Stinkewindel in einer Mülltüte
- Pfefferminztee
- Wasserkocher

- heißes Leitungswasser
- Tasse
- Luftballons
- Blockflöten

So geht's:

Die Kinder pusten ihre Hand an und *fühlen* den Wind aus ihrem Mund. Mit einem Föhn *spüren* die Kinder, wie wohlig warm Luft sein kann. Sie *sehen*, wie sich ihre Haare im Wind bewegen. Ich gehe geheimnisvoll mit einer Tüte herum, in der sich eine verpackte Stinkewindel befindet. Die Kinder dürfen vorsichtig *hineinriechen*. „Iiiih! Das stinkt aber." Anschließend gießen wir einen Pfefferminztee auf und freuen uns, dass Luft auch *lecker duften* kann. Wir *hören* uns Luft an, wie sie aus dem breitgezogenen Hals eines aufgepusteten Luftballons herausquietscht. Nach all diesen Erfahrungen sind wir wirklich sicher: Auch, wenn wir sie nicht richtig sehen, Luft ist da: Sie bremst uns beim Wettlauf, sie spielt mit dem Laub und sie hört sich herrlich an, wenn sie durch die Blockflöte weht.

Spiel:

Watte pusten

Material:

- Wattebausch
- Tisch

So geht's:

Ein Wattebausch liegt auf dem Tisch, um den die Kinder herumstehen. Sie versuchen, die Watte bei einem anderen Kind vom Tisch zu pusten, ohne dass sie vorher bei ihnen selbst runterfällt.

1. Nicht zu sehen und doch da

Zum Weiterexperimentieren:
Luft braucht Platz

Material:
- leerer Milchkarton mit Schraubverschluss

So geht's:
Die Kinder versuchen, einen leeren Milchkarton, auf den der Deckel geschraubt ist, platt zu drücken. Das gelingt erst, wenn der Deckel abgeschraubt ist, denn dann kann die Luft entweichen. Solange der Karton verschlossen ist, drängeln die Luftteilchen so stark gegen die Kartonwand, dass wir sie nicht nah aneinanderbringen und platt drücken können.

Hausaufgabe:
Luft und Pupse sehen

Material:
- Jedes Kind erhält ein verschlossenes Marmeladenglas für zu Hause.

So geht's:
Die Kinder erhalten ein Marmeladenglas, gefüllt mit echter Kindergartenluft. So tragen sie ihr erstes Experiment mit nach Hause. Dort können sie nun nach Belieben mit Mama oder Papa Luft im Spülbecken ansehen.
In der Wanne können sich die Kinder sogar ihre „Pupsluft" als aufsteigende Bläschen ansehen.

1. Nicht zu sehen und doch da

Im Alltag:

Mein Becher ist leer!

Seien sie nach dieser Experimentierstunde ruhig mal spitzfindig, wenn Kinder mit „Mein Becher ist leer" beim Frühstück um Getränkenachschub bitten. Leer ist kein Becher! Jeder ist voll, gefüllt bis an den Rand mit Luft. Nur Saft oder Milch sind gerade mal alle.

2. Sauerstoff

Diesmal steht neben dem verschlossenen Marmeladenglas ein (grünes) Teelicht. Die Kinder erinnern sich natürlich an die Luft im Glas. Von der Kerze wissen einige Kinder, dass diese erlischt, wenn man sie im Marmeladenglas einsperrt. Sie kennen also schon selbst ein Experiment. Das ist schon Grund genug, es alle Kinder ausprobieren zu lassen.

 Experiment:

Kerze erlischt im Glas

Material:
- Marmeladengläser unterschiedlicher Größe mit Deckel
- Teelichter
- „Kinderfeuerzeug" (Feuerzeug ohne Rädchen, sondern nur zum Drücken)

So geht's:
Bevor alle Kinder das nun folgende Experiment durchführen, müssen sie mich fragen, ob sie eine Kerze anzünden dürfen. Ich erlaube es, weil ich als Erwachsene dabei bin. Mit den Kindern bespreche ich jetzt, dass sie das Experiment zu Hause nur im Beisein Erwachsener durchführen dürfen. Obwohl Feuer heiß und gefährlich ist, so ist es mir dennoch wichtig, dass die Kinder einen verantwortungsvollen Umgang mit Feuer erlernen und nicht von gefährlichen Dingen ausgegrenzt werden.

Ich stelle ein angestecktes Teelicht in den umgedrehten Deckel eines Marmeladenglases. Nun stülpe ich das Glas über die Kerze und schraube den Deckel zu. Die Flamme wird kleiner, flackert noch kurz, dann erlischt sie. Anschließend stellen sich alle Kinder um einen Tisch. Jetzt erhält jedes Kind ein Teelicht und ein Marmeladenglas.

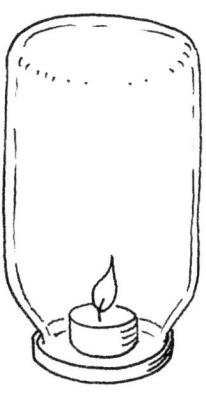

2. Sauerstoff

Nacheinander darf, wer will, selbst sein Teelicht mit dem Kinderfeuerzeug anzünden. Gleichzeitig stülpen die Kinder ihre bewusst unterschiedlich groß ausgewählten Marmeladengläser über die Kerzen. Haben die Kinder schon selbst eine Idee, welche Kerze am längsten brennen wird? Schlag auf Schlag machen die Kinder Meldung, dass ihre Kerzen erloschen sind. Am längsten hat Nadines Kerze gebrannt, die in einem großen Apfelmusglas stand.

Experiment:

Ist die Luft im Glas alle?

Material:
- Marmeladenglas mit Deckel
- Teelicht
- Kinderfeuerzeug
- durchsichtige Plastikwanne oder Glasschüssel
- Leitungswasser

So geht's:
Schnell haben die Kinder für sich eine Antwort, warum die Kerze in dem vorherigen Experiment ausgegangen ist: Die Luft ist alle!
Das wollen wir genauer wissen. Ist da wirklich keine Luft mehr im Glas? Wie finden wir das heraus? Rasch erinnern sich die Kinder an das Experiment *„Luft im Glas"* der letzten Stunde (siehe Seite 22). Eine durchsichtige Kiste wird mit Leitungswasser gefüllt, das Glas mit dem erloschenen Teelicht eingetaucht, der Deckel geöffnet. Blasen steigen auf. Luft ist noch drin im Glas, das haben die jungen Forscher selber herausgefunden. Nun prüft es jedes Kind für sein Glas selbst.

2. Sauerstoff

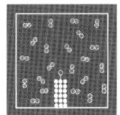 Steckerbild:

Die Kerze brennt

Material:
- Steckerbild
- Stecker

So geht's:
Irgendetwas muss aber doch fehlen im Glas, sodass die Kerze erlischt. Ich erkläre den Kindern, dass zum Verbrennen Sauerstoff gebraucht wird, anhand eines Steckerbildes:

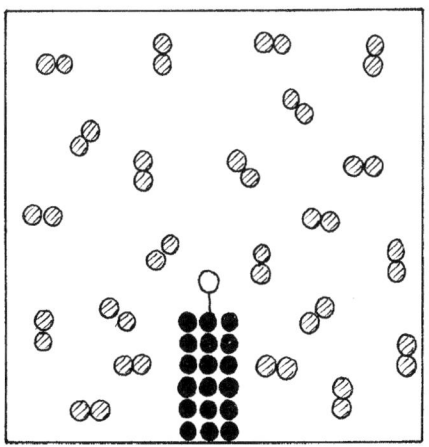

Die Kerze brennt. Die Kohlenstoffteilchen des Kerzenwachses reagieren mit den Sauerstoffteilchen. Die Kinder nehmen nach und nach ein grünes Kohlenstoffteilchen ● von der Kerze weg und stecken es zu zwei blauen Sauerstoffteilchen ⬳ (in unserer Luft ist Sauerstoff nicht als Einzelteilchen unterwegs, sondern meist als Pärchen, O_2). Der neue Stoff heißt Kohlendioxid (CO_2). Das heißt übersetzt „Kohlen-zwei-Sauerstoffe", denn im Lateinischen ist di zwei, Oxid heißt Sauerstoff.

Die Kerze wird kleiner, bis irgendwann alle Kohlenstoffteilchen des Kerzenwachses verbraucht sind. Die Flamme erlischt. Wir nehmen den gelben Flammenstein weg.

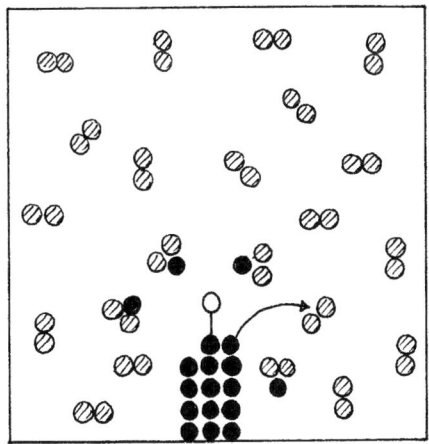

2. Sauerstoff

Hintergrundwissen:

Stickstoff

Unsere Luft besteht zum allergrößten Teil aus Stickstoff (etwa 80 %), das nicht brennen kann. Für das Verständnis des Verbrennungsprozesses ist Stickstoff aber unbedeutend. Da es die Erklärung für unsere kleinen Forscher deutlich erschweren würde, vernachlässigen wir die Existenz des Stickstoffs an dieser Stelle.

Im Alltag:

„Kleines Feuer ohne Flamme"

Ich erzähle den Kindern, dass wir atmen, um Sauerstoff zu bekommen, denn in uns wird das Essen verbrannt. Davon kriegen wir Kraft. Diese Verbrennung nenne ich für die Kinder „kleines Feuer ohne Flamme". Die Kinder glauben dies zunächst nicht, denn das ist wirklich ziemlich unvorstellbar. Deshalb überlegen wir, wie wir kleine „Beweise" für das Feuer finden können. Wir überlegen, wie wir mal viel Kraft verbrauchen können, damit das „Feuer ohne Flamme" ganz doll arbeiten muss. Schließlich haben die Kinder eine Idee:

2. Sauerstoff

Spiel:

„Kleines Feuer ohne Flamme" anheizen

So geht's:

Alle Kinder laufen durch den Raum, wofür sie viel Kraft brauchen. Nach fünf anstrengenden Minuten setzen sich die erschöpften Kinder wieder hin. Wir beobachten, was mit ihnen passiert ist:

> „Puh, ist mir warm!"

Die Kinder überlegen, dass ein Feuer warm ist. Wenn die Kinder viel Kraft benötigen, wird das Feuer stärker und uns wird wärmer.

> „Ich muss ganz schnell atmen!"

Die Kinder stellen fest, dass auch wir wie die Kerze für unser kleines Feuer ohne Flamme Sauerstoff benötigen. Wenn wir viel Kraft brauchen, benötigen wir mehr Sauerstoff für das große Feuer ohne Flamme.

> „Ich fühle, wie mein Herz ganz schnell klopft!"

Der Sauerstoff muss vom Blut schnell zu den Muskeln gebracht werden, denn dort wird die Energie gebraucht. Dazu muss das Herz schnell pumpen, um das Blut schnell fließen zu lassen.

> „Nach dem Turnen habe ich Hunger."

Nach dem Turnen ist so viel Essen verbrannt, dass wir wieder Hunger haben.

Das alles erscheint den Kindern plausibel. Das „kleine Feuer ohne Flamme" begleitet uns nun in den nächsten Stunden, denn es ist der Grundprozess des Lebens, den die Kinder hier verstehen können. Unser Körper ist darauf ausgerichtet, jede Zelle mit Nahrung und Sauerstoff zu versorgen, damit das „kleine Feuer ohne Flamme" brennen kann, damit wir leben können.

2. Sauerstoff

Im Alltag:

Und wenn das „Feuer ohne Flamme" ausgeht?

Wenn wir nicht mehr atmen, geht unser kleines Feuer aus wie die Kerze im
Marmeladenglas, denn uns fehlt der Sauerstoff. Wenn wir
lange nicht essen, erlischt es wie die Kerze, wenn das
Wachs verbraucht ist. Wenn aber das „kleine Feuer
ohne Flamme" ausgeht, dann haben wir Menschen
keine Kraft mehr, etwas zu tun, dann sterben wir.
Die Kinder erzählen uns jetzt vom Opa, der letztes Jahr gestorben ist, und vom toten Vogel,
der den Sommer nicht überlebt hat, und
wir teilen unseren Kummer darüber.

Hausaufgabe:

Kerze löschen

Material:
Teelichter für alle Kinder

So geht's:
Alle Kinder dürfen ihr Teelicht mit nach Hause nehmen, um das
Experiment *„Kerze erlischt im Glas"* (siehe Seite 27) zu Hause
zu zeigen. Ein Marmeladenglas haben bereits alle in der letzten
Stunde erhalten.

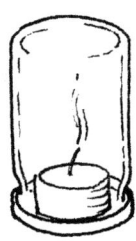

3. Lungenluft

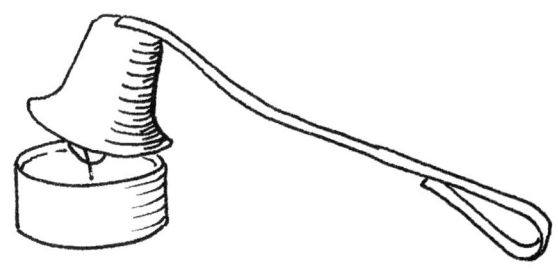

Eine Kerze steht brennend auf dem Tisch in der Mitte. Wir erinnern uns an den Sauerstoff, den die Kerze braucht, damit sie brennen kann. Wenn wir pusten, geht die Kerze aus, das wissen alle Kinder. Wir müssen lange überlegen, wie die Kerzen am Weihnachtsbaum oder in der Kirche ausgemacht werden, wenn diese zum Beispiel weit oben am Adventskranz hängen. Lea hat die Idee, einen langen Strohhalm zu benutzen, in den sie unten hineinpustet, sodass oben die Kerze ausgeht. Die Vorschläge einiger Kinder, dass unser Pfarrer Heiner dazu einen Eimer Wasser oder einen Feuerlöscher benutzen sollte, amüsiert alle Kinder. Schließlich haben sie aber doch die richtige Idee:

Experiment:
Kerzenlöscher

Material:
- (grünes) Teelicht
- Kinderfeuerzeug
- Kerzenlöscher

So geht's:
Alle Kinder stehen im Kreis um einen Tisch. Jedes erhält ein Teelicht. Die Kinder fragen mich, ob sie die Kerzen anmachen dürfen. Sie dürfen. Wer will, steckt selbst seine Kerze an. Nacheinander dürfen die Kinder die Glocke des Kerzenlöschers über die Kerzenflamme halten. Der Sauerstoff in der Glocke ist rasch alle, die Kerze erlischt.

3. Lungenluft

Steckerbild:

Kerze erlischt

Material:
- Steckerbild
- Stecker
- „Glas" aus Pappe

So geht's:
Zur Erklärung nehmen wir noch einmal das Steckerbild der letzten Stunde zur Hand. Die Kinder sind routiniert darin, die Kohlenstoffteilchen der Kerze an den Sauerstoff zu stecken.

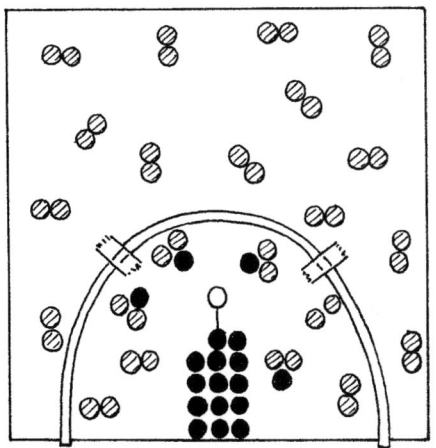

Doch dann begrenzen wir die Steckerbildkerze mit einer Linie, als wäre diese in einem Marmeladenglas. Nur noch ein paar Sauerstoffteilchen sind im Glas. Die Kinder stört das zunächst nicht: Sie kennen die Regel, nach der die Kerze brennt: Immer huscht ein grünes Kohlenstoffteilchen zu zwei blauen Sauerstoffteilchen. Schließlich sind alle Sauerstoffteilchen im Glas verbunden bzw. verbraucht. Leonie sucht mit dem nächsten Kohlenstoffteilchen nach Sauerstoff. Da sie im Glas keines findet, muss das Kohlenstoffteilchen an der Kerze bleiben, während die Flamme erlischt. Leonie darf den gelben Flammenstein von der Kerze wegnehmen.

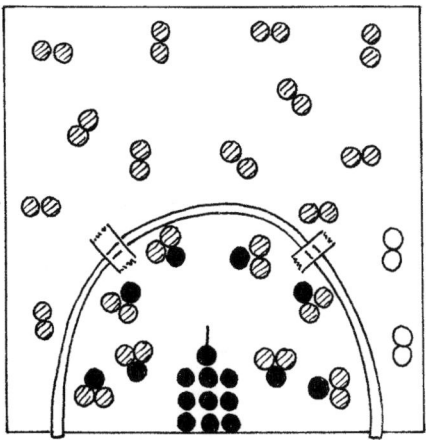

Hintergrundwissen:

Atmung

Das Zwerchfell unterteilt wie ein muskulöses Zirkusdach unsere Körperhöhle in zwei Räume: Oben befindet sich der Brustraum, in dem sich die beiden Lungen mit Bronchien und Luftröhre, das Herz und die Speiseröhre befinden. Im Bauchraum finden Magen und Darm, aber auch die Leber und andere Bauchorgane ihren Platz. Natürlich ist die Darstellung eine vereinfachende Schemazeichnung. Insbesondere habe ich auf die Darstellung von Leber, Bauchspeicheldrüse, Milz und Nieren als zusätzliche große Bauchorgane verzichtet, denn mit diesen haben wir uns nicht beschäftigt.

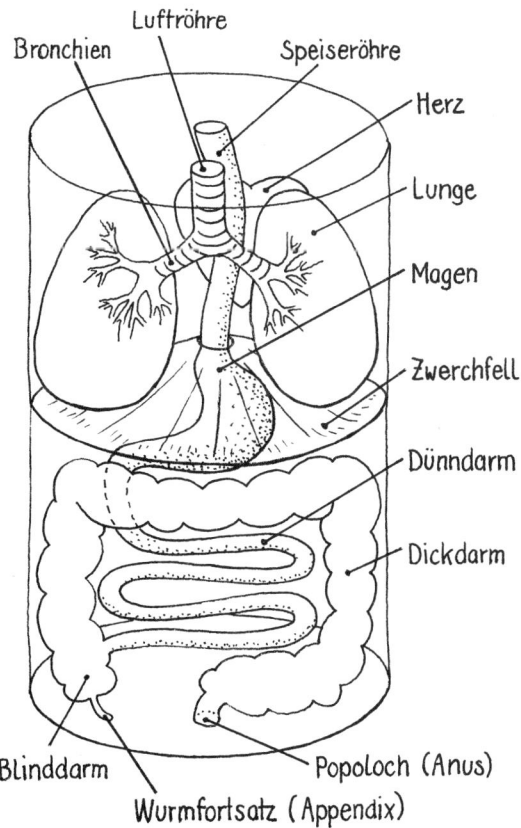

3. Lungenluft

Beim Atmen gelangt durch ein weitverzweigtes Rohrnetz die Luft in die Lungen. Dabei teilt sich das große Hauptrohr, die Luftröhre, zunächst wie ein kopfstehendes Y in zwei weitere Rohre, die Bronchien, damit die Luft in die rechte und die linke Lunge gelangen kann. Die Bronchien zweigen sich wie die Äste an einem Baum immer weiter auf, um die Luft in kleinsten Röhrchen bis in die letzten Winkel der Lunge zu leiten. In immer kleiner werdenden Adern wird auch das Blut in die Wand der Lungenbläschen gebracht, denn die roten Blutkörperchen tragen das Kohlendioxid als Abfall des kleinen Feuers ohne Flamme bei sich. Dort, in den Lungenbläschen, findet dann der **„Gasaustausch"** statt: Die roten Blutkörperchen geben das Kohlendioxid in die Lungenbläschen ab und nehmen aus den Lungenbläschen Sauerstoff auf. Beim Ausatmen gelangt das Kohlendioxid aus den Lungen nach draußen, beim Einatmen kommt neuer Sauerstoff in die Lunge hinein.

Die Atmung wird zum großen Teil vom Zwerchfell übernommen: Beim Ausatmen richtet sich das „Zirkuszeltdach" stärker auf. Dadurch verringert sich der Platz im Brustraum; die Lunge wird „ausgedrückt". Beim Einatmen senkt es sich wieder ab, im Brustraum entsteht ein Unterdruck, durch den die Luft eingesogen wird.

 Bastelanleitung:

Modell: Pulmine

Um nun den Kindern die Atmung zu erklären, habe ich vor der Experimentierstunde ein Körpermodell gebaut.

Material:

- großer Pappkarton ca. 15 cm x 30 cm x 60 cm
- weiße Fingerfarbe
- wasserfester Stift
- Kabelkanal
- Teppichmesser
- Klebestreifen
- zwei rosa Luftballons
- gelbes Handtuch
- Schaumstoff
- Draht
- 2 Perlen
- Pappe
- Buntstifte
- Bluse
- Band
- Schere

3. Lungenluft

So geht's:

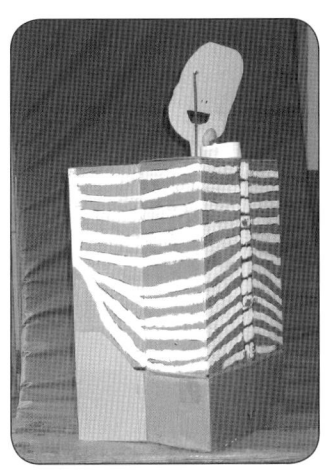

1. Brustkorb und Wirbelsäule:

Malen Sie auf den Pappkarton mit weißer Fingerfarbe einen Brustkorb mit 12 Rippenpaaren.

2. Zwerchfell:

In die Mitte des Kartons kleben Sie Pappe (ca. 15 cm x 40 cm), die in der Mitte ein Loch hat (ca. 5 cm Durchmesser). Dieses Pappstück trennt den Karton in Brustraum (oben) und Bauchraum (unten).

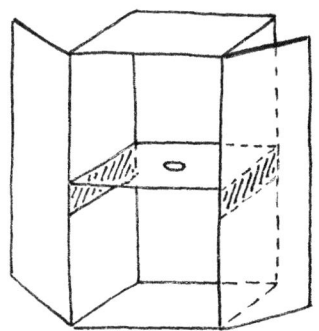

3. Luftröhre und Bronchien:

Dafür benutzen Sie weißen Kabelkanal aus dem Baumarkt. Zunächst schneiden Sie ein 20 cm und zwei ca. 15 cm lange Stücke mit dem Teppichmesser ab. Je an einem Ende schneiden Sie diese ca. 5 cm weit ein – und jeweils ein Teilstück ab.

3. Lungenluft

Die verbliebenen Stücke spitzen Sie zum Ende hin an. Mit den angeschnittenen Enden legen Sie die drei Stücke sternförmig zueinander, um sie ineinander zu schieben. Mit Klebestreifen können Sie die drei Stücke aneinander fixieren.

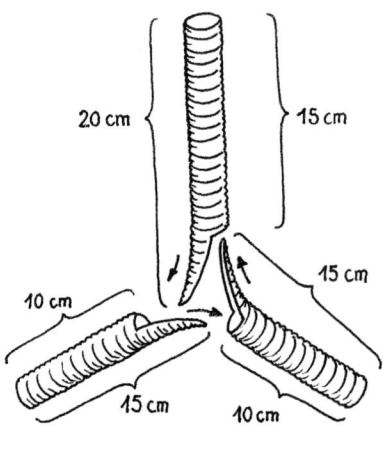

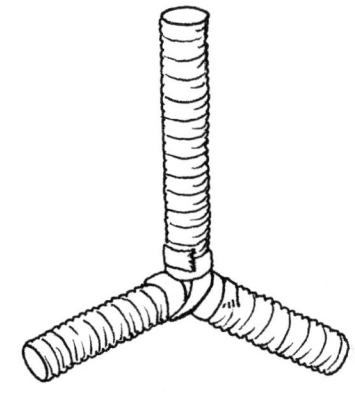

4. Als **Luftröhrenöffnung** schneiden Sie in Pulmines Brustkorb an der Oberseite ein Loch (ca. 2 cm Durchmesser), das auf einer gedachten Linie zwischen Wirbelsäule und Brustbein liegt. Dritteln Sie diese Linie und positionieren Sie das Loch zwischen vorderem und mittlerem Drittel. Entsprechend soll zwischen mittlerem und hinterem Drittel später die Öffnung für die Speiseröhre entstehen.

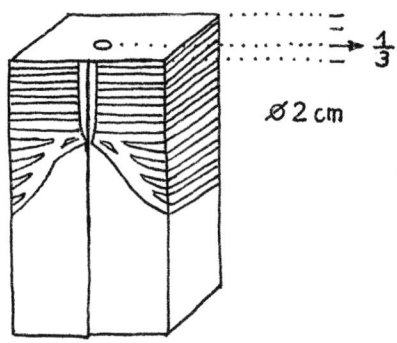

3. Lungenluft

5. Lungen:

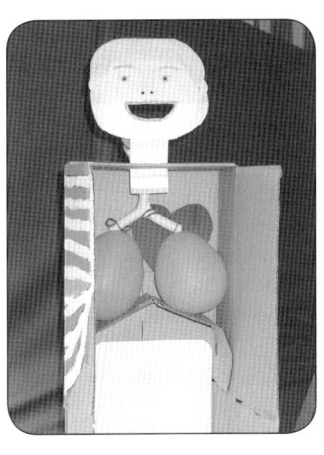

Pusten Sie erst in der Experimentierstunde zwei rosa Luftballons auf und knoten Sie diese zu. Erst während der Erklärung für die Kinder habe ich diese mit einem Band an die Bronchien gebunden.

6. Kopf:

Schneiden Sie aus Pappe einen Kopf mit Hals aus und malen Sie ein Gesicht darauf. Durch einen Schlitz in der oberen Kartonseite können Sie den Kopf mit Hals am Brustkorb fixiert.

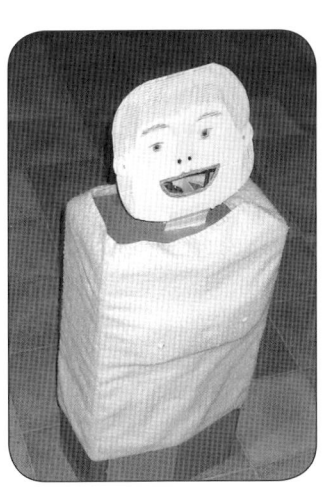

7. Brustdrüsen und Haut:

Ein gelbes Handtuch symbolisiert die Haut. An dieses heften Sie mit einem Draht als Brustdrüsen von innen zwei Schaumstoffkreise (Durchmesser ca. 10 cm). Zwei Perlen stellen die Brustwarzen dar.

8. Als Letztes können Sie Pulmine eine Bluse anziehen, damit sie nicht so nackig im Kindergarten „rumlaufen" muss.

3. Lungenluft

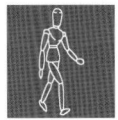 Verstehen am Modell:

Pulmine atmet

Material:
- Das Modell *Pulmine* (siehe Bastelanleitung Seite 36) wird in der Stunde zusammengebaut.

So geht's:
Auch unser „Feuer ohne Flamme" benötigt den Sauerstoff zum Brennen.
Wie kommt er zu uns? Durch Mund und Nase atmen wir ein, dann passiert
die Luft die Luftröhre und gelangt durch die Bronchien in die beiden Lungen.
Dazu habe ich das oben beschriebene Modell „Pulmine" mit den Kindern
nach und nach zusammengesetzt:

Das umgedrehte Y aus Kabelkanal stellt Luftröhre und Bronchien dar. Das Wort
„Bronchitis" kennen übrigens viele Kinder: „Das hatte ich auch schon mal!"
An jeden Bronchus binde ich einen rosa Luftballon, der die Lungen darstellt.
Schließlich haben wir alles in den Brustkorbkarton gesteckt, der oben ein Loch
hat, durch das die Luftröhre passt. Darüber haben wir als Haut das gelbe Handtuch gelegt, an das ich als Brustdrüsen von innen die zwei runden Schaumstoff-
kissen genäht hatte.

Nun können die Kinder begreifen, dass in der Brust die Milch für die Babys ist.
In den Lungen innen im Brustkorb ist die Luft zum Atmen, für das kleine Feuer
ohne Flamme.

Die Vorschulkinder haben in Anlehnung an das Modell anschließend immer
von „Luftballlunge" gesprochen.

3. Lungenluft

Experiment:

Entlüften

Material:
- Marmeladenglas
- durchsichtige Plastikkiste oder Glasschüssel mit Leitungswasser

So geht's:
Ich zeige den Kindern ein Marmeladenglas. Alle Kinder wissen, dass Luft darin ist. Aber wie kriegen wir die da heraus? Die Kinder wissen es sofort: Indem wir Wasser hineinfüllen! Wir tauchen das Glas unter Wasser. Nun ist wirklich keine Luft mehr darin. Luft können wir nur verdrängen, wenn wir flüssige oder feste Stoffe an ihre Stelle füllen. Nirgendwo ist nichts. Überall ist etwas. Hier auf der Erde jedenfalls ist das so.

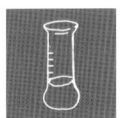

Experiment:

Lungenluft

Material:
- Marmeladengläser mit Deckel (eins für jedes Kind, die Gläser haben die Kinder von zu Hause wieder mitgebracht)
- Knickstrohhalme
- durchsichtige Plastikkiste oder Eimer
- Leitungswasser

So geht's:
Wenn wir einen Luftballon aufpusten, ist darin unsere „Lungenluft". Aber einen Luftballon aufzublasen, ist schwer und sehen können wir die Luft nicht. Wir wollen unsere Lungenluft in ein Marmeladenglas pusten. Die Kinder pusten in ihr Marmeladenglas. Damit haben sie Mischungen aus Raumluft und Lungenluft hergestellt. Wie kriege ich nun die Raumluft aus dem Glas, damit ich reine Lungenluft einfüllen kann? Das haben wir gerade gelernt: Wir legen ein Marmeladen-

3. Lungenluft

glas ins Wasser und verdrängen damit die Luft. Wie können wir nun in das von Luft leere, mit Wasser gefüllte Glas unsere Lungenluft pusten. „Wir müssen mit dem Mund untertauchen!" So richtig klappt es nicht, denn fast das ganze Gesicht muss unter Wasser. Und das mag selten ein Kind freiwillig tun. Also benötigen wir ein Verbindungsstück. Die Kinder schlagen einen Schlauch vor. Gute Idee! Wir überlegen, was wir wie einen Schlauch gelegentlich zum Trinken benutzen: einen Strohhalm.

In die Öffnung des Glases, die wir nach unten halten, pusten wir nun mit einem Knickstrohhalm, dessen langes Ende oben aus dem Wasser rausguckt und dessen kurzes Ende unter Wasser in das Marmeladenglas ragt, Luft. Noch unter Wasser schrauben wir den Deckel auf. Jedes Kind füllt so sein Marmeladenglas mit seiner eigenen Lungenluft, um sie nach Hause zu tragen.

Zum Weiterexperimentieren:
Luft umfüllen

Material:
- Schüssel oder Spülbecken
- zwei Marmeladengläser mit Deckel
- Leitungswasser

So geht's:
Die Kinder befüllen in der Experimentierecke ein Marmeladenglas mit eigener Lungenluft. Nun soll diese in ein anderes Glas umgefüllt werden.

3. Lungenluft

Doch wie kann das geschehen, ohne dass sich die Luft mit der Raumluft mischt? Wie konnten wir denn die reine Lungenluft ohne Mischung einfangen? Die Kinder haben sich die Lösung überlegt: „Man muss die Luftbläschen unter Wasser von einem zweiten Glas einfangen." Dazu müssen nun also beide Gläser unter Wasser getaucht werden. Das zu befüllende Glas ist offen, es wird komplett mit Wasser geflutet, die Öffnung nach unten gehalten. Das Lungenluftglas wird mit verschlossenem Deckel nach unten ins Wasser eingetaucht. Nun wird vorsichtig der Deckel abgeschraubt. Wenn nun das Lungenluftglas gekippt wird, steigen Luftblasen aus dem Glas auf. Diese gilt es, mit dem anderen Glas aufzufangen. Das ist gar nicht so leicht! Zuschrauben – fertig.

 Hausaufgabe:

Lungenluft

Jedes Kind nimmt sein Lungenluftmarmeladenglas wieder mit nach Hause. Der eine oder die andere wird auch zu Hause Spaß daran haben, noch mal zu zeigen, wie man die Luft so unvermischt ins Glas bekommt.

 Bastelaktion:

Klapp-Pulminchen

Material:
- etwas dickeres, beigefarbenes DIN-A4-Papier (120–160 g/qm)
- Scheren
- Buntstifte
- Pulmine (siehe Seite 36) als Modell zum Abmalen
- evtl. Kopiervorlage „Klapp-Pulminchen" (siehe Seite 175)

3. Lungenluft

So geht's:

1. Die Kinder knicken ein beigefarbenes DIN-A4-Blatt (oder eine Kopie der Kopiervorlage von Seite 175) in der Mitte, sodass die lange Seite halbiert wird, und öffnen das Blatt dann wieder. So haben Sie die Mittellinie gefunden.
2. Nun falten sie das Blatt von beiden Seiten bis zur Mittellinie. So ist ein aufklappbarer Brustkorb entstanden.
3. Auf ein weiteres Blatt malen die Kinder Pulminchens Kopf, den sie samt Hals ausschneiden und von hinten an den aufklappbaren Brustkorb kleben.
4. Auf den äußeren Klappbereich sowie hinten werden die 12 Rippenpaare und die Wirbelsäule gemalt (siehe Kopiervorlage Seite 175).
5. Wenn Sie nicht die Kopiervorlage genutzt haben, liegt nach dem Aufklappen eine freie Malfläche vor Ihnen auf die Sie später die Verdauungsorgane aufmalen können (siehe Seite 176). Deshalb legen wir nun ein halbes DIN-A5-Blatt darüber, auf das wir die Luftröhre, die Bronchien und die Lunge malen. Hinter der Luftröhre liegt auch das Herz. Dieses wird noch auf Pulminchens linke Seite gemalt (vom Betrachter aus gesehen rechts). Oder aber Sie nutzen dafür die Kopiervorlage von Seite 177.

 Zum Weiterexperimentieren:

Seifenblasen

Material:
Seifenblasen

So geht's:
Die Kinder erhalten nach der Experimentierstunde Seifenblasen, die sie zum Freispiel mit nach draußen nehmen können. So verpacken sie ihre Lungenluft in eine zarte Haut von Seifenlauge. Die Kinder können beobachten, wie die Lungenluft dahinschwebt, bis die Seifenblase schließlich platzt.

4. Essen und Schlucken

Wir machen einen kleinen Exkurs, um zu verstehen, wie das Essen in unserem Körper verarbeitet wird, denn das „kleine Feuer ohne Flamme" benötigt Nahrung für die Verbrennung.

Hintergrundwissen:
Verdauungstrakt

Beim Schlucken gelangt der Speisebrei in die beim Erwachsenen etwa 40 cm lange Speiseröhre. Zum Transport der Nahrung zieht sich die Ringmuskulatur oberhalb der Nahrung zusammen. Nach und nach zieht sich die benachbarte Ringmuskulatur unterhalb ebenfalls zusammen, sodass dem Speisebrei keine andere Wahl bleibt, als nach unten zu rutschen. Die Bewegung der Verdauungsorgane zum Transport der Nahrung nennt man Peristaltik.

Im Magen wird die Nahrung chemisch zersetzt, sodass die einzelnen Nahrungsbestandteile im etwa 3,5 m langen Dünndarm in den Körper aufgenommen werden können. Was wir nicht gebrauchen konnten, gelangt in den etwa 1,5 m langen Dickdarm. Hier werden diese Stoffe durch Bakterien weiter zersetzt. Eine wichtige Funktion des Dickdarms ist die Rückübernahme von Flüssigkeit und Salzen, die mit den Verdauungssäften in den Darm gelangt sind. In unserem Modell werden wir die Darmlänge etwas kürzen, damit nicht ein unübersichtlicher Darmwust unseren Kindern den Überblick nimmt.

Bastelanleitung:
Verdauungstrakt für Pulmine

Material:
- gelb-rötlicher Gardinenstoff, ca. 200 cm x 50 cm groß
- Nähmaschine
- Garn
- Wolle
- Stopfnadel
- 30 cm langen, dünnen Draht
- Zange

4. Essen und Schlucken

So geht's:
Auch wenn der gesamte Verdauungstrakt von der Speiseröhre bis zum Popoloch etwa 6 m lang ist, stellen wir ihn in unserem Modell „verkürzt" dar:

1. Um den **Verdauungstrakt** zu näh-
   en, legen Sie den gelblich-roten
   Gardinenstoff doppelt und übertragen die Abbildung auf den Stoff.
   Entlang der übertragenen Linien
   nähen Sie die beiden übereinan-
   derliegenden Stoffteile aneinander.
   Dadurch entsteht ein etwa 180 cm
   langer Schlauch. Das erste Stück ist
   ca. 25 cm lang und ca. 6 cm breit
   (Speiseröhre). Dann kommt ein an
   der breitesten Stelle etwa 20 cm
   breites und 25 cm langes Magen-
   stück, das in ein ca. 60 cm langes
   und 6 cm breites Dünndarmstück
   übergeht.
   Daran schließt sich ein ca. 70 cm
   langes und 8 cm dickes Dickdarm-
   stück an.

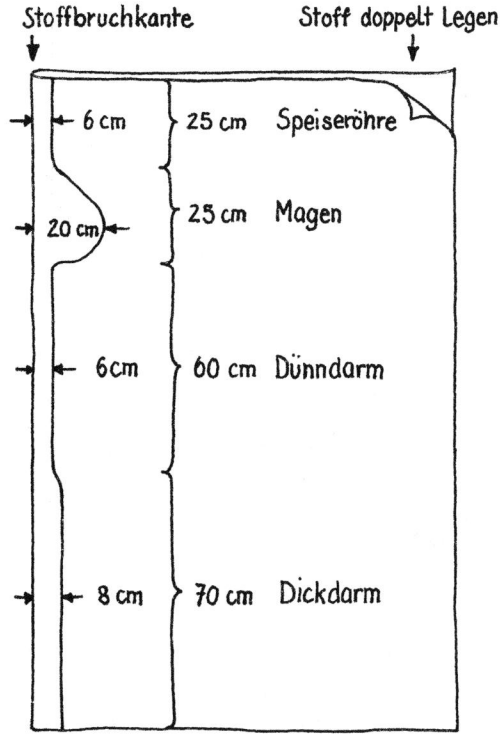

2. **Speiseröhrenöffnung:**
   In das obere Ende des Verdau-
   ungstraktes habe ich eine Drahtschlinge eingepasst und diese mit
   Wolle eingenäht.

   Als Speiseröhrenöffnung habe
   ich in Pulmines Brustkorb an der
   Oberseite ein Loch geschnitten,

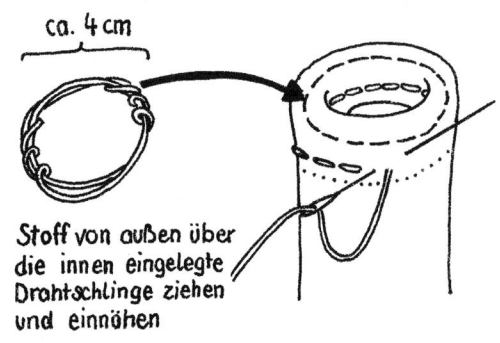

4. Essen und Schlucken

das etwas kleiner ist als der Speiseröhrendrahtschlinge. Das Loch soll auf einer gedachten Linie zwischen Wirbelsäule und Brustbein liegen. Dritteln Sie diese Linie und positionieren Sie das Loch zwischen mittlerem und hinterem Drittel, entsprechend ist bereits zwischen mittlerem und vorderem Drittel die Öffnung für die Luftröhre entstanden.

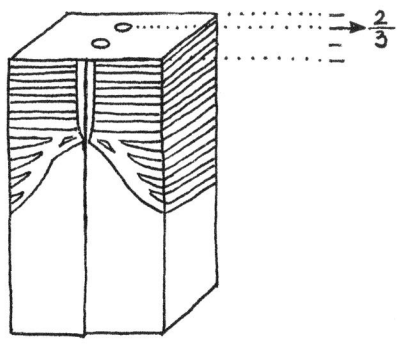

3. Popoloch:

In den Enddarmausgang nähen Sie entsprechend dem Beginn der Speiseröhre eine angepasste Drahtschlinge mit Wolle ein.
An der Unterseite von Pulmine schneiden Sie mittig als Darmausgang ein Popoloch, im Durchmesser ca. 3 cm. Dadurch ziehen Sie den Enddarmdraht.

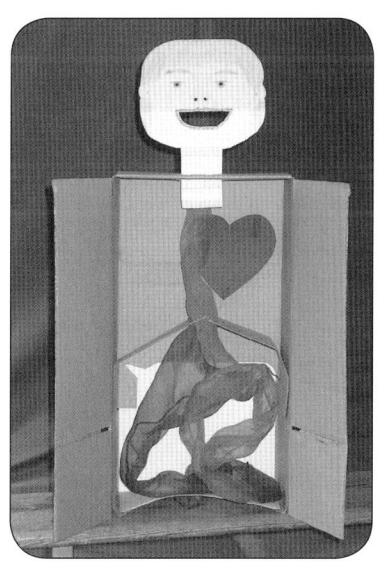

4. Essen und Schlucken

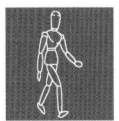 Verstehen am Modell:

Pulmine isst

Material:
- Plastikwürstchen (aus dem Kaufladen)
- Pulmine
- genähter Speiseröhre-Magen-Darm-Trakt (wird erst im Verlauf der Stunde in Pulmine eingebaut)
- Puppentöpfchen

So geht's:
Heute hat Pulmine Hunger. Sie steckt sich ein Plastikwürstchen in den Pappmund, von wo es in die Luftröhre gerät. Oweiha! Was passiert, wenn wir Essen in die Luftröhre bekommen? Pulmine hustet ganz ordentlich, denn sie hat sich verschluckt. Mit dem Husten bringt sie die Wurst wieder aus der Luftröhre heraus, damit sie wieder gut atmen kann. Die Kinder berichten von verschiedenen Speisen, die sie bereits arg zum Husten gebracht haben.

Kim erklärt uns, dass das Essen in die „Verspeiseröhre" hineingehört. Ich habe in Pulmine ein weiteres Loch in die Oberseite des Brustkorbes geschnitten, sodass die Luftröhrenöffnung zwischen Speiseröhrenöffnung und Gesicht liegt. In das neue Loch stecke ich von unten den genähten Verdauungstraktschlauch (siehe Bastelanleitung oben). Der ganze Verdauungstrakt muss noch durch die Zwerchfellöffnung gezogen werden. Unten wird der Darmausgang durch das Popoloch gesteckt.

Nun kann sich das Würstchen auf die Reise machen durch Speiseröhre, Magen, Dünndarm und Dickdarm. Am Popoloch will es wieder heraus. Doch erst Rufen alle Kinder: „Anhalten! Anhalten!" Zum Glück habe ich ein Puppentöpfchen dabei. Pulmine kann dahinein ihr Aa machen.

4. Essen und Schlucken

Experiment:

Wir schlucken

Material:
- Kekse

So geht's:
Die Kinder untersuchen sich nun selbst beim Essen: Dazu erhalten alle einen Keks.
Erst wird ordentlich gekaut und dann: Beim Schlucken spüren die Kinder, wie sich
etwas in ihrem Hals erst nach oben, dann nach unten bewegt. Das muss
eine „Sortiermaschine" sein. Es ist der Kehlkopf, der beim Schlucken nach
oben rutscht und dessen Kehldeckel dabei die Luftröhre verschließt. So ist diese
vor Speiseresten geschützt.

Verstehen am Modell:

Pulmine schluckt

Material:
- Pulmine mit Verdauungstrakt
- Plastikwürstchen
- gebastelter Kehlkopf (siehe Seite 50)
- Puppentöpfchen

So geht's:
Pulmine will wieder essen. Obwohl Pulmine nun eine Speiseröhre hat, verirrt sich
das Essen wieder in die Luftröhre. Wie kommt denn das? Warum findet denn das
Essen nicht den richtigen Weg? Es fehlt der Kehlkopf!
Wir bauen das Kehlkopfmodell (siehe Bastelanleitung Seite 50) bei Pulmine ein.
Bevor wir die Wurst wieder losschicken, konzentrieren wir uns alle, denn wir müs-
sen Pulmine nun rechtzeitig zum Schlucken auffordern. Na, das hat geklappt. Der
Kehlkopf ist nach oben gegangen, dadurch ist der Kehldeckel auf die Luftröhre
abgesenkt worden und hat diese verschlossen. Nun kann sich das Würstchen

4. Essen und Schlucken

durch die Speiseröhre weiter auf seine Reise machen. Im Magen und im Darm wird verdaut, das Blut transportiert die wichtigen Bestandteile zu den Muskeln, wo diese im kleinen Feuer ohne Flamme verbrannt werden können. Schließlich gelangen die Ballaststoffe als Aa zum Popoloch. Das Töpfchen kommt wieder zum Einsatz.

Bastelanleitung:

Pulmines Kehlkopf

Material:
- Pappe
- Schere
- Klebefilm

So geht's:

1. Aus Pappe falten Sie ein rechteckiges Schälchen (etwa 6 cm x 9 cm), das oben offen ist und dessen Rand etwa 3 cm hoch ist. Die Grundfläche muss so groß sein, dass Luft- und Speiseröhrenöffnung bequem auf die Grundfläche übertragen werden können, sodass also die Schale genau über beide Öffnungen gesetzt werden kann.

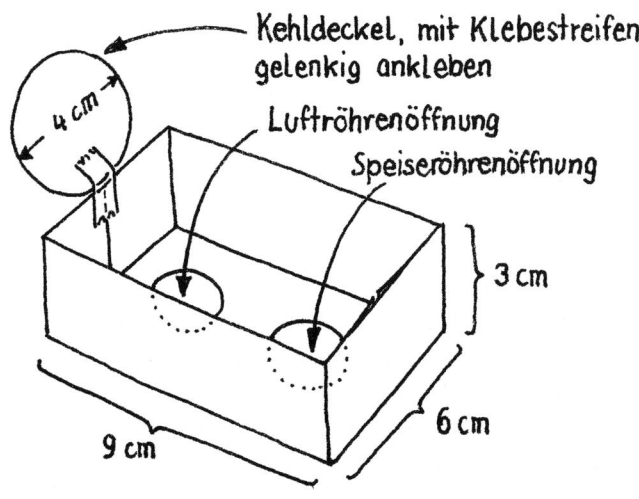

Kehldeckel, mit Klebestreifen gelenkig ankleben

Luftröhrenöffnung

Speiseröhrenöffnung

4 cm

3 cm

9 cm

6 cm

2. Der **Kehldeckel** wird als 4 cm großer Kreis aus Pappe aus-
geschnitten und mit Klebestreifen gelenkig an der vorderen
Schälchenseite angeklebt.

Luftröhrenöffnung   **Speiseröhrenöffnung**

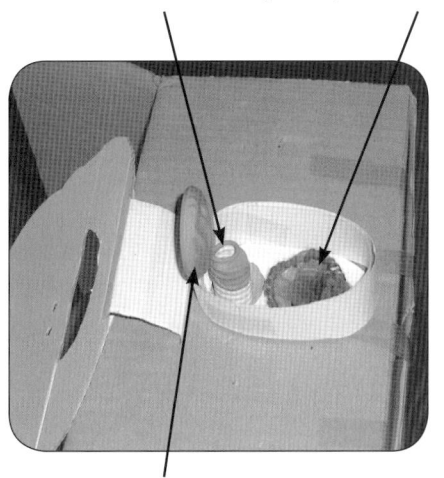
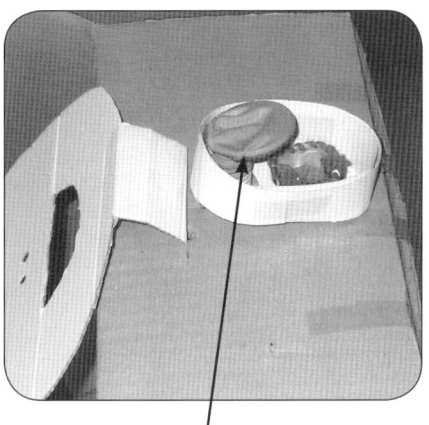

Kehldeckel auf   **Kehldeckel zu**

Bastelaktion:

Klapp-Pulminchen isst

Material:
- gebasteltes Pulminchen der letzten Stunde (siehe Seite 43)
- evtl. Vorlage Speiseröhre-Magen-Darm-Trakt (siehe Seite 176)
- Buntstifte

So geht's:
Wenn Sie nicht schon die Vorlage von Seite 176 verwendet haben, hat das
gebastelte Klapp-Pulminchen noch eine freie Innenfläche. Auf diese wird
nun der Speiseröhre-Magen-Darm-Trakt aufgemalt.
Nun können Sie die Kinder am Klapp-Pulminchen noch einmal genau den Weg
des Essens nachvollziehen lassen.

4. Essen und Schlucken

Experiment:

Trinken bei Kopfstand

Material:
- Saft
- Becher
- Strohhalm für jedes Kind
- Matratze

So geht's:

Wenn unser Würstchen den Kehlkopf passiert hat, fällt es wie von selbst in den Magen. Was aber passiert, wenn Pulmine auf dem Kopf steht? Wird auch dann das Essen in den Magen transportiert, oder fällt es wieder aus dem Mund heraus? Ich schlage vor, dass die Kinder es selbst probieren, doch die meisten sind skeptisch. Jan probiert es für alle aus: Er macht auf einer Matratze einen Kopfstand, dabei halten wir seine Beine fest, damit er nicht umkippt.

Dann trinkt er aus einem Becher mit einem Strohhalm Apfelsaft. Es geht! Scheinbar gibt es in der Speiseröhre einen „Aufzug", der Essen und Getränke sogar gegen die Schwerkraft nach oben transportiert. Nacheinander machen nun fast alle Kinder einen Kopfstand mit Hilfestellung und versuchen, mit einem Knickstrohhalm Saft zu trinken. Man muss sich gut konzentrieren, um sich nicht zu verschlucken, aber es geht.

In der nächsten Stunde berichten Carlotta und Antonia, dass sie in der vergangenen Woche kopfüber an der Reckstange gehangen und einen Apfel gegessen haben. So haben die Kinder beim Freispiel im Garten „weiterexperimentiert".

4. Essen und Schlucken

Verstehen am Modell:

Speisetransport

Material:

- Pulmine
- Plastikwürstchen

So geht's:

Kann Pulmine auch kopfüber essen?

Kann das Würstchen dann ohne Weiteres in den Magen gelangen? Die Bewegung der Muskulatur der Speiseröhre (Peristaltik) treibt das Essen nach oben: Die Ringmuskulatur in der Speiseröhre zieht einen kleinen Ring zusammen, an dem das Essen nicht mehr vorbeikann.

Am Modell lege ich einen Ring aus Daumen und Zeigefinger eng um die Speiseröhre und drücke sie an dieser Stelle zusammen. Meine Hand wandert nun Richtung Magen (bei der kopfstehenden Pulmine nach oben) und schiebt das Würstchen dabei vor sich her. Angekommen!

Leider kann der Fahrstuhl gelegentlich auch andersherum fahren: Beim Erbrechen befördert die Peristaltik das Essen in umgekehrter Richtung wieder aus dem Magen heraus ans Tageslicht …

5. Sauerstoff – bald alle?

Wir betrachten Pulmine und wollen gemeinsam noch mal überlegen, wie die Luft und das Essen für das „kleine Feuer ohne Flamme" in die Menschen kommen. Wir führen mit einem grünen Teelicht noch einmal das Kerzenexperiment durch, bei dem die Flamme im verschlossenen Marmeladenglas erlischt. Anhand des Steckerbildes vollziehen wir noch einmal nach, dass aus dem Sauerstoff bei der Verbrennung Kohlendioxid wird. Im Marmeladenglas ist wenig Luft, also auch wenig Sauerstoff. Auf der Erde ist viel, viel Sauerstoff, aber dennoch: Ist dieser bald alle? Oder wer gibt uns den Sauerstoff zurück?

Michaela weiß es: Die grünen Pflanzen geben uns den guten Sauerstoff zurück. Ich möchte nun diesen Sauerstoff gerne mal sehen. Wir holen eine Blume von der Fensterbank und suchen die Blätter nach Sauerstoff ab, der dort angeblich entweichen soll. Nichts!
Die Kinder erklären mir, dass wir Sauerstoff genauso wenig sehen können wie Luft. Aber quengelnd bestehe ich darauf, den Sauerstoff mal sehen zu wollen.

 Experiment:

Pflanzensauerstoff sehen

Material:
- hohe Glasvase
- abgestandenes Leitungswasser
- Wasserpest
- Schere
- Aquariumkies
- sonniges Plätzchen

So geht's:
Aus den Blättern der Pflanzen entweicht Sauerstoff? Wer glaubt das schon, wenn er es nicht gesehen hat! Wir sehen uns eine Zimmerpflanze an und suchen nach dem Sauerstoff, der aus den Blättern entweichen soll. Nichts! „Luft ist doch unsichtbar!", erklärt Marie-Sophie. Wie sie Luft sehen können, wissen die Kinder schließlich: Sie erinnern sich an die Luftbläschen im Wasser. Wie kriegen wir nun einen Baum ins Wasser?

5. Sauerstoff – bald alle?

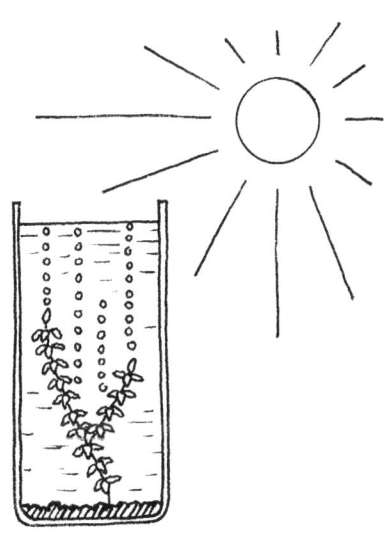

Die Kinder erklären mir, dass Bäume im Wasser nicht wachsen und leben können. Gibt es denn Pflanzen, die im Wasser leben?
Die Kinder erinnern sich an Algen, die sie im Urlaub am Meer oder am Badesee beobachtet haben. Auch in unserem Kindergartenaquarium wachsen Pflanzen.
Die Lösung ist also eine Pflanze, die im Wasser lebt. Wir schneiden Wasserpest an und verankern sie in Aquariumkies in einer hohen Glasvase. Dann geben wir abgestandenes Leitungswasser hinzu.

Nun beobachten wir die Pflanze genau. Um ehrlich zu sein: Wir finden kein einziges Bläschen. So ein blödes Experiment: Das funktioniert ja gar nicht! Die Kinder sind nur ein bisschen enttäuscht. Irgendwie ahnen sie, dass es doch noch richtig weitergeht.
Also stoße ich neue Überlegungen der Kinder an, indem ich sie frage, ob wir wohl etwas falsch gemacht haben. Maria vermutet, dass der Sauerstoff nicht rauskommen will, weil wir zu laut sind. Doch auch bei stillen Kindern kommt kein Bläschen heraus. Was brauchen grüne Pflanzen, damit sie aus Kohlendioxid wieder Sauerstoff herstellen können? Allmählich geht den Kindern ein Licht auf:
Sonnenlicht. Wir suchen uns ein sonniges Plätzchen, an das wir die Vase stellen. Wir beobachten die Wasserpest kurz. Wieder nichts. Kein Bläschen zu sehen. Wir überlegen, was denn jetzt wohl noch fehlt. Es ist etwas, was die Kinder haben müssen: Geduld. Die Zeit vertreiben wir uns mit den nachfolgenden Erklärungen. Am Ende der Stunde schließlich hat das Glas lange genug in der Sonne gestanden und wir entdecken, wenn wir von der Seite in die Vase schauen, Bläschen, die wie in einer Kette aufgeschnürt aufsteigen: Der Sauerstoffkreislauf schließt sich.

In der Wartezeit erkläre ich den Kindern, dass die Pflanzen Kohlendioxid gut gebrauchen können. Sie nehmen es auf, behalten den Kohlenstoff, um daraus zu wachsen, und geben den Sauerstoff als „Abfall" wieder frei.

5. Sauerstoff – bald alle?

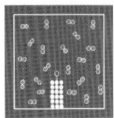 Steckerbild:

Blume wächst

Material:

- Steckerbild
- Stecker für Sauerstoff und Kohlenstoff

So geht's:

Wir ergänzen das Steckerbild der Kerze: Die Kerze benötigt zum Brennen den Sauerstoff. Daher lässt sie während des Brennens aus einem Teilchen Kohlenstoff und zwei Teilchen Sauerstoff aus der Luft Kohlendioxid entstehen.

Diesen Abfall, das Kohlendioxid, braucht die Pflanze, um zu wachsen. Dafür nimmt sie aus der Verbindung von Sauerstoff und Kohlenstoff nur den (grünen) Kohlenstoff. Der Sauerstoff ist also wieder frei.

Genau diesen Sauerstoff braucht wiederum die Kerze, um brennen zu können. Der Sauerstoffkreislauf ist geschlossen.

Tom lässt nicht locker: „Wie kommt denn nun der Kohlenstoff der Blume wieder zur Verbrennung?"

Wir bemühen einen „Gärtner", der die Blätter der Blume im Steckerbild abschneidet und trocknet. Danach kann er diese verbrennen, zusammen mit Holz beispielsweise. So wie zuvor der Kohlenstoff der Kerze zu Kohlendioxid verbrannt ist, so geschieht es nun ebenso mit dem Kohlenstoff der Blumen oder auch beispielsweise des Holzes. So schließt sich auch der Kohlenstoffkreislauf.

Wiederholend frage ich die Kinder, was denn die Blume ruft: „Ich brauche Kohlenstoff! Gib mir Kohlendioxid!" Die Kinder wiederholen das gerne. Schließlich bin ich aber ehrlich mit den Kindern: „Blumen können nicht rufen und nicht sprechen. Sie brauchen einfach Kohlenstoff. Ganz ohne zu rufen, bekommen sie es auch."

Doch Luisa will den Gedanken noch nicht aufgeben: „Die flüstern bestimmt."

Schnell flüstern alle Kinder: „Gib mir Kohlendioxid! Ich brauche Kohlenstoff zum Wachsen!" Antonia grinst dabei verschmitzt, wissend, dass Blumen eigentlich auch nicht flüstern können.

5. Sauerstoff – bald alle?

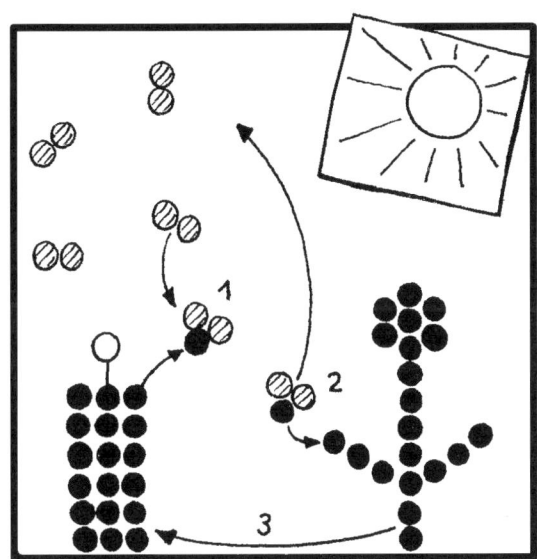

1. Beim Verbrennen wird aus Kohlenstoff mit Sauerstoff Kohlendioxid.

2. Mit Hilfe von Licht nimmt sich die Pflanze Kohlenstoff aus dem Kohlendioxid. Sauerstoff bleibt übrig.

3. Eine getrocknete Pflanze kann verbrannt werden. Dabei verbindet sich der Kohlenstoff (wie der Kohlenstoff der Kerze) mit dem Sauerstoff.

6. Kribbelwasser

Heute wollen wir Kohlendioxid von seiner kribbeligen Seite kennenlernen.

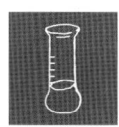

Experiment:

Kribbelwasserbläschen einfangen

Material:
- kleine Mineralwasserflasche (½ Liter) mit viel Kohlensäure
- hoher Eimer
- kleines Marmeladenglas

So geht's:
Auf dem Tisch steht eine Mineralwasserflasche. Die Kinder erklären mir, dass ich an den gelegentlich aufsteigenden Bläschen erkennen kann, dass es sich nicht einfach um Leitungswasser handelt. Mich interessiert nun, was das für Bläschen sind, die da aufsteigen. Ich schlage vor, diese zu sammeln. Aber wie können wir die Bläschen auffangen? Die Kinder wollen ein kleines Marmeladenglas über die Flasche halten, um das Gas darin zu sammeln. Leider können sie die gesammelten Bläschen nicht von der übrigen Luft unterscheiden. Also suchen wir eine neue Lösung.

Luisa schlägt vor, die Flasche ganz unter Wasser zu tauchen. Auch das Marmeladenglas sollen wir ganz unter Wasser tauchen. Dann können wir mit dem Glas die Luftbläschen einfangen, die aus dem Mineralwasser nach oben entweichen. Also füllen wir einen Eimer ganz mit Wasser und tauchen darin die Flasche ganz unter. Zunächst fließt dabei Wasser in die Mineralwasserflasche, denn oben war die Flasche nicht ganz voll. Die Luft aus dem oberen Flaschenteil entweicht  in großen Blasen. Wenn wir die Flasche jetzt noch einmal zuschrauben und schütteln, können wir das Experiment beschleunigen. Nun halten wir das ganz untergetauchte und luftleere Marmeladenglas über den Flaschenhals und fangen die Bläschen ein. Bis das Glas voll ist, brauchen wir Geduld. Wenn es dann (fast) voll ist, schrauben wir den Deckel auf und stellen das Glas vor uns hin.

6. Kribbelwasser

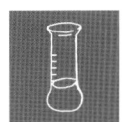

Experiment:
Was ist das für ein Gas?

Material:
- Steckerbild mit ausgeschnittenen Gläsern
- Stecker für Sauerstoff (blau) und Kohlenstoff (grün)
- mit Deckel verschlossenes Marmeladenglas mit Kribbelwassergas
- leeres Marmeladenglas gleicher Bauweise
- lange Streichhölzer
- Kerze

So geht's:
Wir überlegen, was das für Bläschen sein könnten: „Luft!" Ja, alles, was flüchtig ist wie Luft, nennt man Gas. Es handelt sich hier in der Tat um ein Gas. Jetzt erzählt Chris von fliegenden Luftballons, in die zuvor Gas gepumpt wurde, und Simon von Abgas, das aus dem Auspuff der Autos entweicht.
Wir überlegen, welche Gase wir sonst noch kennen. Zwei fallen den Kindern ein: Sauerstoff und Kohlendioxid.

Das wollen wir uns im Bild genauer vorstellen. Dazu hole ich ein Steckerbild hervor, auf das ich aus Papier ausgeschnittene „Gläser" geklebt habe.
In das erste füllen wir Sauerstoff (zwei blaue Stecker), in das zweite Kohlendioxid (zwei blaue und ein grüner Stecker). Wir überlegen, wie wir die beiden Gläser mit einem Experiment unterscheiden können. Ich muss die Kinder dazu an unser Experiment mit der Kerze im Marmeladenglas erinnern. Dann ist es den Kindern klar: Im Glas mit Sauerstoff kann die Kerze brennen, im anderen erlischt sie.
Das ist also zu tun: An einer brennenden Kerze entzün-

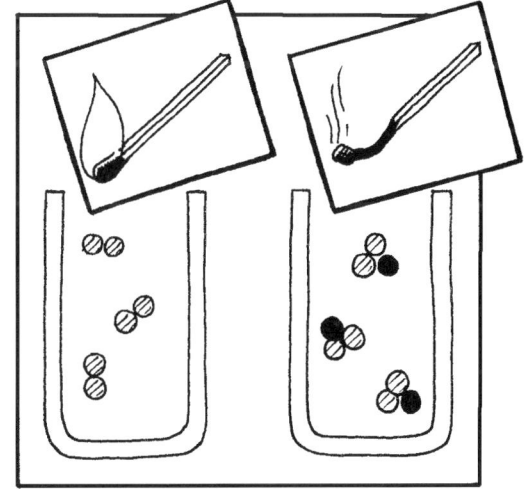

6. Kribbelwasser

den wir ein Streichholz. Jana Maria hält es in das mit Kribbelwassergas gefüllte Marmeladenglas, das Marla erst kurz vorher aufmacht, damit sich die Raumluft nicht so schnell mit dem Mineralwassergas mischt. Das Streichholz geht sofort aus. Jan glaubt, das liege daran, dass unten im Glas Wasser ist. Das prüfen wir sofort: Wir füllen ein weiteres, baugleiches Marmeladenglas mit ebensoviel Wasser, wie sich bereits im ersten befindet. Die Kinder wissen, dass ansonsten Luft im Glas ist. Nun hält Jan ein brennendes Streichholz in das Luftglas, aber die Flamme brennt weiter. Am Wasser hat es also nicht gelegen, das Gas ist schuld daran, dass das Feuer ausgegangen ist. Das will nun jedes Kind probieren. Nacheinander stecken die Kinder das Streichholz wieder an, tauchen es dann in das Kribbelwassergasglas und stellen fest, dass das Streichholz sofort erlischt.

Nun schauen wir unser Steckerbild wieder an und verstehen, dass es sich beim Kribbelwassergas um Kohlendioxid handeln muss, denn dort erlischt jede Flamme.

Hintergrundwissen:
Schweres Kohlendioxid

Kohlendioxid ist schwerer (genauer gesagt: dichter) als Luft. Wenn wir das Glas öffnen, bleibt das Kohlendioxid weiterhin unten im Glas, anstatt aus ihm zu verschwinden.

Erklärung:
Kohlensäure oder Kohlendioxid?

Wir überlegen, wie Erwachsene das nennen, was im Kribbelwasser ist: Kohlensäure. Solange die Flasche verschlossen ist, ist es ziemlich eng für all die Wasser- und Kohlendioxidteilchen. Um Platz zu sparen, rücken die Kohlendioxidteilchen und die Wasserteilchen so eng zusammen, dass ein neuer Stoff entsteht: Kohlensäure. Sobald aber nach dem Öffnen mehr Platz da ist, hält Wasser und Kohlendioxid nichts mehr beieinander: Sie trennen sich, Kohlendioxid steigt in Bläschen auf und Wasser bleibt in der Flasche zurück.

6. Kribbelwasser

Zum Weiterexperimentieren:

Sodastreamer

Material:
- Sodastreamer mit Flasche
- Leitungswasser
- Luftballons

So geht's:

Aber wie kommt das Kohlendioxid in die Flasche? Können wir denn auch selbst mal Kribbelwasser herstellen? Mona weiß, mit welchem Gerät das im Kindergarten gemacht wird. Wir füllen eine geeignete Flasche mit Leitungswasser. Nun prüfen wir zunächst, ob Bläschen aufsteigen. Wir können nichts erkennen. Wir setzen der Flasche eine Luftballonmütze auf und schütteln kräftig: Wie wir vorher vermutet haben, sammelt sich kein Gas im Luftballon.

Nun nehmen wir die Luftballonmütze wieder von der Flasche und schrauben sie in das Gerät. Mit einem quietschenden Geräusch drängelt nun das Kohlendioxid ins Wasser. Wir schrauben die Flasche ab und setzen ihr gleich eine Luftballonmütze auf. Die Kinder glauben, dass das Gas jetzt den Luftballon aufblasen wird. Nun schütteln wir das erst gerade hineingepresste Kohlendioxid wieder heraus. Es füllt den Luftballon.

Schließlich sehen wir uns noch den Kohlensäurezylinder an, in dem die Kohlendioxidteilchen eng zusammengedrückt sind, damit besonders viele hineinpassen. Aus ihm stammt das Kohlendioxid für unser eigenes Kribbelwasser.

6. Kribbelwasser

Hausaufgabe:

Mineralwasserbläschen im Luftballon

Material:
- Mineralwasserflasche (hat jedes Kind zu Hause)
- Luftballon

So geht's:

Alle Kinder sollen zu Hause mal Kohlendioxid aus Mineralwasser einfangen. Dazu erhält jedes Kind einen Luftballon. Wir zeigen den Kindern, wie man der Wasserflasche den Luftballon überstülpen kann. In kurzer Zeit stellt sich, wie vermutet, der Luftballon der Mineralwasserflasche wie von Geisterhand auf. Die Kinder überlegen, wie wir die Gasbläschen schneller aus dem Mineralwasser herausbekommen: „Mit Schütteln!" Na, das ist ein Spaß: Begeistert schütteln die Kinder die Flasche, schließlich sogar so heftig, dass sich der Ballon löst und wir alle eine kleine Dusche abbekommen.

7. Backen

Heute wollen wir erforschen, wie Kohlendioxid hilft, dass nach dem Backen das Brot so schön locker ist. Dazu zählen die Kinder zunächst auf, was sie alles in den Teig tun: Butter, Zucker, Wasser, Körner, Mehl, Salz, Eier, Schokolade, Kakao ... Viele Dinge fallen den Kindern ein, aber Hefe und Backpulver vergessen sie. Um so dringender müssen wir erforschen, warum diese Zutaten überhaupt benötigt werden.

 Experiment:

Löcher im Brot

Material:
- selbstgebackenes Brot (siehe Rezept Seite 64)
- Brettchen
- Messer
- Margarine
- Aufschnitt

So geht's:
Heute schneiden wir für alle Kinder eine Scheibe vom Brot, das wir am Vortag gebacken haben, ab. Die Kinder sollen dies nicht gleich aufessen, sondern vorher genau betrachten. Sie entdecken Körner, eine Kruste und schließlich auch kleine und große Löcher im Brot. Hat denn da der Bäcker am Teig gespart? Oder wozu sind die Löcher im Brot? Irgendetwas muss es mit dem Geschmack zu tun haben. „Dann kann man leichter abbeißen." Ja, so könnte man es wohl sagen: Das Brot wird durch die Löcher lockerer. Ohne Löcher wäre es steinhart.
Aber wie kriegt man Löcher ins Brot? An welcher der Zutaten kann es gelegen haben, dass unser Brot so locker wurde? Die Kinder raten munter drauflos und zählen die Zutaten auf, ohne eine rechte Idee zu haben, woran es wohl gelegen haben könnte. Dass sie auch die Hefe nennen, ist wohl eher ein Zufall, aber in der Tat ist sie verantwortlich für die Löcher.

7. Backen

Rezept für das Dinkel-Buchweizen-Brot
aus dem Kettwiger Kindergarten

Material:
- große Rührschüssel
- Mixer mit Knethaken
- Backofen
- Tasse
- Teelöffel
- Esslöffel
- Backpapier und Schere oder Margarine und Pinsel zum Einfetten
- Kastenform oder Backblech

Zutaten:
- 400 g Dinkelmehl
- 100 g Buchweizenmehl
- 1 Würfel frische Hefe (oder 2 Tütchen Trockenhefe)
- ½ l warmes Wasser
- ¾ Tasse Leinsamen
- ¾ Tasse Sesam
- ¾ Tasse Sonnenblumenkerne
- 3 Esslöffel Apfelessig
- 2 gehäufte Teelöffel Salz

So geht's:
Geben Sie die Hefe in eine große Rührschüssel und lösen Sie sie in warmem Wasser auf.
Nun geben Sie die übrigen Zutaten dazu und verrühren alles 5 Minuten lang (Mixer mit Knethaken).
Lassen Sie den Teig an einem warmen Ort ca. 40 Minuten lang gehen.
Geben Sie den Teig nun auf ein Backblech oder in die gut gefettete oder mit Backpapier ausgelegte Kastenform (30 cm) und stellen Sie diese in den bei 220° C vorgeheizten Backofen.
Nach einer Stunde Backzeit ist das Brot fertig.

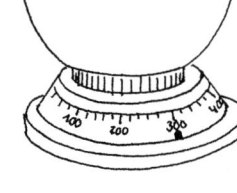

Guten Appetit!

7. Backen

Experiment:

Hefe

Material:

- frische Hefe (½ Würfel, reicht für etwa 250 Gramm Mehl)
- 3 Teelöffel Zucker
- kleine Glasflasche mit breiter Öffnung
  (sodass eine Streichholzflamme reinpasst)
- Trichter
- Teelöffel
- lauwarmes Leitungswasser
- Luftballon
- lange Streichhölzer
- Steckertafel wie im Experiment „Was ist das für ein Gas?"
- leeres Marmeladenglas
- ggf. große Wanne mit Leitungswasser zum Umfüllen des Gases

So geht's:

Die Kinder sehen sich einen Hefewürfel an und schnuppern daran. „Iiii, das stinkt!" Die Kinder ahnen nicht, was Hefe eigentlich ist, nämlich ein Pilz. Wir zerbröseln einen halben Hefewürfel und geben die Bröckchen in eine kleine Glasflasche. Nun müssen wir den Pilz füttern. Was könnte er gerne mögen von den Dingen, die in einem Kuchenteig sind? Zucker! Wir geben drei Teelöffel Zucker durch einen Trichter hinzu.

Nun schütten wir wohlig warmes Leitungswasser darüber, bis alles gerade bedeckt ist. Wir schütteln kurz die Flasche, um alles gut zu vermengen.
Wir beobachten die Pampe genau: Ganz allmählich steigen Bläschen auf. „Es entsteht ein Gas!" Aber welches? Die Kinder zählen Sauerstoff und Kohlendioxid auf. Wir überlegen anhand des Steckerbildes der letzten Stunde wieder, wie wir diese Gase unterscheiden können: Mit der Streichholzflamme. Also müssen wir das Gas sammeln, sodass wir anschließend die Probe mit dem brennenden Streichholz durchführen können.

Die Kinder schlagen vor, dass wir wie in der letzten Stunde einen vorgedehnten Luftballon über die Flasche stülpen. Nun brauchen wir Geduld, denn es braucht einige Zeit, bis die Hefe genug Gas produziert hat.

7. Backen

Wir überlegen, wie die Bäcker den Prozess beschleunigen. Die Kinder erinnern sich an den Bäckereibesuch: Die Brote werden vor dem Backen in die warme Gärkammer gelegt.

Also stellen wir die Flasche mit der Hefe in eine Schüssel mit warmem Wasser. Schließlich ist nach einer knappen Stunde (in der Wartezeit führen wir das nächste Experiment durch) der Ballon etwa faustgroß aufgeblasen.

Wir nehmen ihn ab und halten – nachdem mich die Kinder ausdrücklich um Erlaubnis gefragt haben – eine Streichholzflamme in die Flasche: Sie erlischt. Es handelt sich bei dem Gas um Kohlendioxid. Sollte der Schaum bis zum Flaschenhals gequollen sein, so nehmen Sie den gasgefüllten Luftballon und füllen das Gas unter Wasser in ein leeres Marmeladenglas (siehe Experiment „Luft umfüllen", Seite 42). In diesem kann dann die Flammenprobe durchgeführt werden.

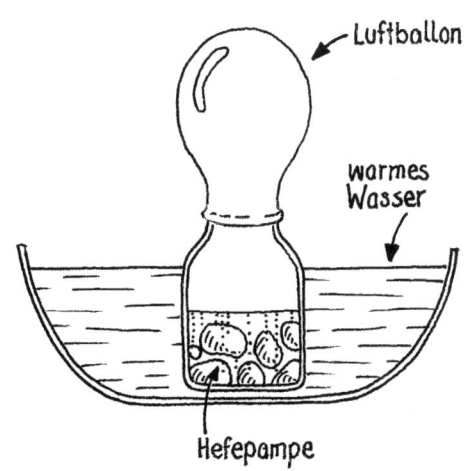

Luftballon

warmes Wasser

Hefepampe

Hintergrundwissen:

Noch Luft in der Flasche?

Die Flasche enthielt zu Beginn des Experiments noch Luft. Da aber Kohlendioxid schwerer ist als Luft, sammelt es sich vorzugsweise unten im Glas, während die Luft in den Ballon verdrängt wird. Lässt man die Hefe zunächst in der Flasche kurz gehen, ohne den Ballon auf die Flasche zu stülpen, so füllt sich die Flasche bereits mit Kohlendioxid, sodass beim Aufsetzen des Luftballons (fast) keine Luft mehr im System ist.

Experiment:
Backpulver

Material:
- kleine Glasflasche mit breiter Öffnung (sodass man eine Streichholzflamme reinhalten kann)
- ein Päckchen Backpulver
- 50 ml Leitungswasser
- 10 ml Essigessenz
- vorgedehnter Luftballon
- lange Streichhölzer
- Steckertafel wie im Experiment „Was ist das für ein Gas?"

So geht's:
Auf die gleiche Weise wie im Experiment „Hefe" (siehe Seite 65) wollen wir nun wissen, wie Backpulver den Teig locker macht. Die Kinder vermuten, dass auch beim Backpulver Bläschen dahinterstecken. Wir füllen ein Päckchen Backpulver in eine kleine Flasche mit breiter Öffnung und geben etwa 50 ml Leitungswasser hinzu. Wir beobachten den entstehenden Schaum. Mit der Zugabe von wenig Essigessenz beschleunige ich die Bläschenbildung noch. Wieder stülpen wir einen vorgedehnten Luftballon über die Flasche, der sich vor unseren Augen in wenigen Sekunden aufstellt. Schnell ist eine große Menge Gas gebildet. Nun wollen wir wissen, um welches Gas es sich handelt. Wir nehmen den Ballon ab und halten ein langes Streichholz in die Flasche. Die Flamme erlischt. Die Kinder wissen es sofort: Es ist Kohlendioxid.

Experiment:
Backpulverexplosion

Material:
- Fotodöschen mit Deckel für jedes Kind
- Backpulver
- Essig oder Essigessenz

7. Backen

So geht's:
Was wird wohl passieren, wenn Backpulver und Essig nicht in einem mit einem dehnbaren Luftballon verschlossenen Glas, sondern in einem engen Fotodöschen mit festem Deckel eingesperrt werden? Um das herauszufinden, füllen wir draußen Backpulver ($\frac{1}{5}$ Tütchen) und ein wenig Essigessenz in ein leeres Foto-döschen. Noch kurz beobachten wir die entstehenden Bläschen, bevor wir es rasch mit dem Deckel verschließen, kurz schütteln und mit dem Deckel nach unten auf dem Boden abstellen. Nun bringen wir uns rasch „in Sicherheit", in dem wir einen etwa 5 Meter großen Abstand vom Döschen einnehmen, denn die Gasentwicklung lässt den Druck im Döschen schnell ansteigen. Schließlich platzt das Döschen mit einem „Plöp" vom Deckel und wird bis zu 5 Meter hoch in die Luft geschleudert. Das ist eine echte Aufregung für die Kinder, so dass wir das spannende Experiment gerne ein paar Mal wiederholen. Am Ende nehmen alle Kinder ein leeres Fotodöschen mit nach Hause, um den Spaß dort noch einmal zu erleben.

Zum Weiterexperimentieren:
Kuchen ohne Backpulver

Material:
- Kuchenteig ohne Backpulver und ohne Hefe
- Kuchenteig mit Backpulver oder Hefe

So geht's:
Bei der nächsten Backaktion wollen die Kinder zum Vergleich ein wenig Teig ohne Backpulver und ohne Hefe mitbacken, um zu sehen, wie sich der Kuchen ohne diese Zutaten verändert. Hoffentlich beißen sich die Kinder nicht die Zähne daran aus …

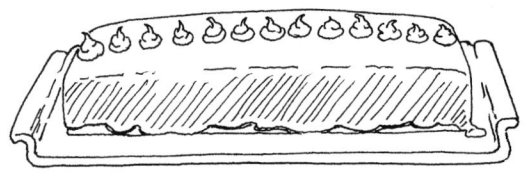

Luftdruck und Akustik

Luft kann unterwegs sein. Dann nennt man sie „Wind". Dabei drücken die Luftteilchen so sanft gegen das Laub, dass die Blätter sich leicht bewegen. Oder der Sturm braust so stark, dass sogar ganze Bäume entwurzelt werden. In diesem Abschnitt sollen die Kinder erfahren, welche Auswirkungen das Drängeln und Drücken der Luftteilchen haben kann.

Experimentierstunden:
1. Luft drängelt und drückt (S. 70)
2. Schallwellen (S. 74)
3. Trommelfell (S. 79)
4. Hören (S. 83)
5. Musik (S. 86)
6. Flaschengeist (S. 94)

1. Luft drängelt und drückt

Kohlendioxid kann man in Mineralwasser hineinpressen. Wenn man die Flasche nur etwas aufmacht, dann drängeln und drücken die Gasteilchen mit einem Zischen ins Freie. Heute soll drängelnde Luft einen Ballon antreiben und uns das Rückstoßprinzip verdeutlichen, mit dessen Hilfe Raketen ins Weltall fliegen können.

 Experiment:
Rollbrettsprung

Material:
- zwei Lineale
- Rollbrett

So geht's:
Wie geht eigentlich springen? Was müssen wir dazu eigentlich tun, um mit einem Sprung nach vorne zu kommen? Diese Frage zu beantworten, ist gar nicht so leicht. Deshalb springt Nadine mal für uns durch den Stuhlkreis. Luisa erkennt sofort: „Sie stößt sich mit den Füßen am Boden ab." Richtig! Aber wie macht sie das genau? Lange überlegen die Kinder: „Die Knochen im Fußgelenk bewegen sich", weiß Tom. Schließlich holen wir ein Rollbrett und lassen nun Jakob springen. Schon vorher vermuten die Kinder richtig, dass das Rollbrett nach hinten sausen wird, wenn Jakob von dieser Wackelrampe abspringt. Vorsicht also hinter dem Rollbrett, denn es kommt bei dem Experiment ziemlich in Schwung. Jakob allerdings, den ich beim Springen an der Hand festhalte, hat keinen weiten Sprung machen können. Nun ist den Kindern klar, was beim Springen passiert: Um sich am Boden abzustoßen, drücken sie mit den Beinen nach unten und hinten auf den Boden. Ich ergänze, dass dann der Boden den Stoß zurückgibt. Durch diesen Rückstoß kommen wir beim Springen nach vorn. Das Rollbrett kann den Stoß nicht zurückgeben, denn es rollt selber weg.
Nun versuchen es nacheinander alle Kinder: Mit einem Lineal markieren wir den Startplatz, von dem die Kinder zunächst vom Boden losspringen. Ein zweites Lineal legen wir an die Stelle, bis wohin das Kind gesprungen ist. Nun stellen wir das Rollbrett an die Startposition. Das Kind erhält Hilfestellung, indem wir die Hand festhalten. Beim Rollbrettsprung saust das Rollbrett weit nach hinten, während das Kind kaum von der Startlinie wegspringen kann.

1. Luft drängelt und drückt

Hintergrundwissen:

Rückstoß

Wie stößt uns die Straße zurück, wenn wir uns nach hinten unten mit unseren Schritten an ihr abdrücken? Auch wenn wir es nicht sehen, so verformt sich selbst ein Steinboden ein klitzekleines bisschen wie ein Trampolin und gibt dann den Stoß zurück. Auf Sandboden dagegen wird ein Grossteil meines Stoßes gebraucht, um die Sandkörner gegeneinander zu verschieben. Viel von meiner Kraft wird in Reibungswärme verwandelt, die mir der Sandboden nicht als Rückstoß zurückgeben kann. Deshalb ist ein Strandspaziergang viel anstrengender als eine Wanderung auf Asphalt.

Im Alltag:

Fortbewegung mit Rückstoß

Wie fährt ein Auto: Es drückt sich mit den Rädern am Boden ab, der Boden drückt zurück, sodass sich das Auto nach vorne bewegt. Hier hilft wieder der Rückstoß! Und im Winter auf eisigen Straßen? Da ist es zu rutschig, um sich am Boden abzustoßen, deshalb kommt das Auto auf Eis nicht voran.

Und wie geht rudern? Die Paddel drücken nach hinten, das Wasser drückt zurück und so fährt das Boot nach vorne. Die Paddel stoßen sich am Wasser ab! Auch hier bringt der Rückstoß das Boot weiter. Und wie fliegt eine Rakete? „Hinten strömt Feuer heraus!" Ja, Gas strömt nach hinten. Die Rakete drückt sich am Gas ab und wird dann nach vorne vorangetrieben. Auch die Rakete arbeitet nach dem Rückstoßprinzip.

1. Luft drängelt und drückt

Experiment:

Zum Mond springen?

Material:
- springende Kinder

So geht's:
Wie können wir versuchen, zum Mond zu gelangen? Alle Kinder springen hoch, doch sie werden immer wieder zum Boden zurückgezogen. Warum kommt man so schwer von der Erde weg? Viele Kinder wissen schon, dass es die Schwerkraft der Erde ist, die sie zurückhält. Wenn man also zum Mond fliegen will, dann ist es ganz schön schwer, die Schwerkraft zu überwinden.

Experiment:

Raketenantrieb

Material:
- 7 m langes Band (z.B. glatte Wolle)
- Strohhalm
- 2 Luftballons (länglich, unbenutzt)
- Tesafilm
- 2 Stühle

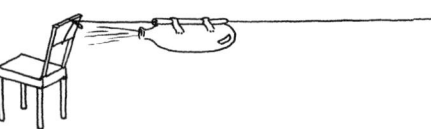

So geht's:
Wir bauen uns selbst eine kleine Rakete mit einem Antrieb nach dem Rückstoß-prinzip: Dazu fädeln wir ein Band durch einen Strohhalm und spannen es in 6 m Abstand zwischen 2 Stuhllehnen. Ein Stuhl ist nun die Erde, der andere der Mond. Wir pusten einen länglichen Luftballon auf und halten ihn zu. Mit zwei Klebestrei-fen kleben wir den Luftballon so an den Strohhalm, dass die zugehaltene Öffnung zur „Erde" gerichtet ist. Nach dem Countdown lassen wir den Ballon los. Luft strömt nach hinten aus dem Ballon heraus und drückt ihn dadurch nach vorne weg. Er fliegt zum Mond. Für den Rückflug nehmen wir einen neuen Ballon, denn der alte, ausgeleierte fliegt nicht mehr so weit.

1. Luft drängelt und drückt

Zum Weiterexperimentieren:

Boot mit Rückstoßantrieb

Material:
- leerer Milchkarton
- Luftballon
- spitzes Messer
- Badewanne oder Planschbecken voller Leitungswasser

So geht's:

Ein Milchkarton wird längs geteilt. So sind gleich zwei Boote entstanden.

An der ehemaligen Unterseite des Milchkartons wird nun mit einem spitzen Messer eine ca. 2 cm lange Ritze eingeschnitten.

Nun wird der Luftballon aufgepustet und zugehalten. Vorsichtig wird der Hals durch die Ritze gesteckt, sodass der Luftballon im Boot zum Liegen kommt.

Nun wird das Boot zu Wasser gelassen und der Luftballon losgelassen.

Mit der nach hinten ausströmenden Luft erhält das Kartonboot einen Schub nach vorne.

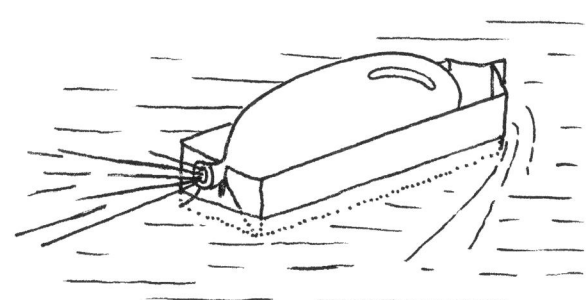

2. Schallwellen

*Drängelnde Luftteilchen kennen die Kinder bereits. Heute drängeln die Luft-
teilchen so geordnet, dass Schallwellen dabei entstehen. Zunächst produzieren
wir aber selbst schöne Schallwellen und lernen von dem Lied „Wir singen laut,
mal leise" (siehe Seite 172), den Refrain:*

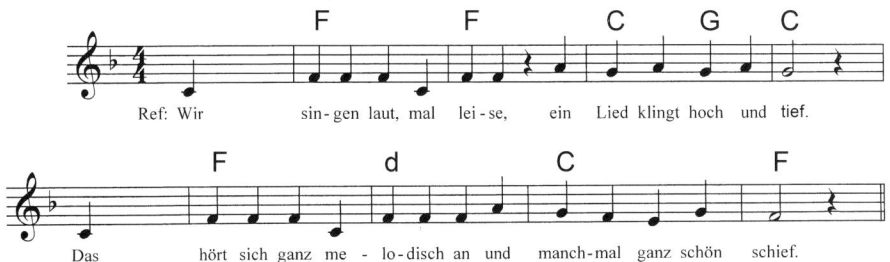

Ref: Wir sin-gen laut, mal lei-se, ein Lied klingt hoch und tief.

Das hört sich ganz me-lo-disch an und manch-mal ganz schön schief.

Experiment:
Drängelndes Lineal

Material:
- 30 cm langes, dünnes Plastiklineal

So geht's:
Wir legen ein dünnes Plastiklineal auf den
Tisch und halten es so fest, dass nur circa 5 cm
aufliegen und 25 cm überstehen. Wir überlegen, was passieren wird, wenn wir das Lineal
anstoßen.
Die Kinder vermuten ein sichtbares Rauf und
Runter des Lineals. Wir überlegen, ob wir auch
mit anderen Sinnen etwas bemerken werden.
Können wir etwas fühlen? Etwas hören? Etwas
riechen? Etwas schmecken? Die Kinder erwar-
ten, dass sie vielleicht einen leichten Luftzug
fühlen können, wenn sie mit der Hand nah

beim schwingenden Lineal sind. Aber riechen, schmecken oder hören werden sie nichts, so ihre Vermutung. Nun stoßen wir das lange, freischwebende Ende tatsächlich an: Es schwingt langsam, die Kinder fühlen einen leichten Luftzug, aber wir hören, riechen und schmecken nichts. Jetzt verschieben wir das Lineal so auf dem Tisch, dass ein immer längeres Ende auf dem Tisch liegt. Bevor wir das freie Linealstück wieder zum Schwingen bringen, überlegen wir, was sich an der Schwingung beobachten lässt und wie sie sich wohl verändern wird gegenüber dem ersten Versuch. Die Kinder werden sich nicht einig, ob das Lineal nun schneller oder langsamer schwingen wird. Wir stoßen das Lineal an. Es lässt sich ein schnelleres Auf und Ab beobachten. Wieder schieben wir das Lineal weiter auf den Tisch, sodass das freie Ende kürzer wird. Die Kinder sind sich nun sicher, dass das Lineal noch schneller auf und ab schwingen wird, was sich im Versuch bestätigt. Allmählich hören wir aber auch einen Ton.

Vor jedem neuen Versuch lassen wir die Kinder vermuten, wie sich die Schwingung und der Ton verändern. Von Versuch zu Versuch wird der Ton der immer schneller werdenden Linealschwingung immer höher. Dabei schwingt das Lineal mittlerweile so schnell, dass wir die eigentliche Schwingung, das Rauf und Runter, mit dem Auge nicht mehr klar erkennen können.

Experiment:

Kribbelnder Krach

Material:
- Kochlöffel
- Topfdeckel

So geht's:
Wir wollen mit einem Kochlöffel auf einen Topfdeckel schlagen und bitten die Kinder um eine Vorhersage, was passieren wird. Alle beschreiben, dass es wohl ziemlich viel Krach machen wird. Die Sinne Riechen und Schmecken werden dabei wohl keine Veränderung erfahren. Aber was werden wir sehen oder fühlen? Nach dem Linealexperiment vermuten die Kinder, dass da etwas rauf- und runtergeht, aber bei konkreter Nachfrage, ob der Topfdeckel wie eine Schranke hoch-

2. Schallwellen

und runtergehen wird, werden die Kinder unsicher. Wir müssen es also ausprobieren. Alle Kinder hören den scheppernden Ton. Aber was ist das eigentlich, was wir da hören?

Nun dürfen nacheinander alle Kinder an den Topfdeckel schlagen und ihn anschließend berühren. Jeder spürt das Vibrieren des Deckels. Mit der Berührung wird aber die Vibration gedämpft, der Ton wird leiser. Durch das Klopfen an den Deckel wird eine Vibration, ein schnelles Hin und Her des Topfdeckels ausgelöst, so wie wir es bereits beim Lineal beobachtet

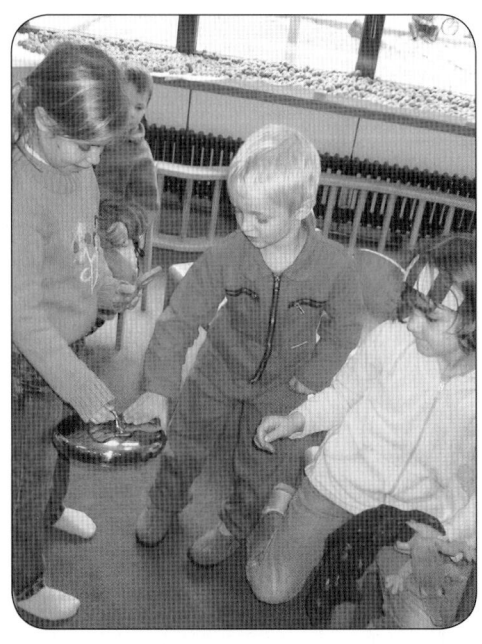

haben. Wenn der Topfdeckel hin- und hervibriert, dann drängelt er dabei auch die Luft hin und her. Es entstehen Luftdruckwellen, die Schallwellen.

Experiment:

Welle im Wasser

Material:
- schwarz beschichteter Topf
- Wasser

So geht's:
Schallwellen sind den Kindern unbekannt. Wasserwellen kennen die Kinder gut. Und so nähern wir uns dem Phänomen Schallwelle zunächst im Wasser: Wir überlegen, was passieren wird, wenn jedes Kind einmal mit dem Finger in die Mitte einer Wasserschüssel eintaucht. Die Kinder nehmen an, dass die Wasseroberfläche unordentlich wird und gar nicht mehr so glatt sein wird.

Nun tippen nacheinander alle Kinder einmal mit dem Finger in die Wasserschüssel, sodass eine sich kreisförmig ausbreitende Wasserwelle sichtbar wird.

Diese wird am Topfrand reflektiert und läuft in der Mitte wieder zusammen. Am besten kann man die Welle in einem schwarz beschichteten Topf erkennen, wenn man recht flach gegen Licht auf die Wasseroberfläche schaut. Durch das Eintauchen mit dem Finger ins Wasser werden Wasserteilchen verdrängt, die wiederum andere Wasserteilchen anstoßen. So entsteht eine Welle.

Spiel:

„Wasserwelle"

Material:
Wird nicht gebraucht.

So geht's:
Um zu verstehen, was in der Welle passiert, werden alle Kinder zu Wasserteilchen, die in einer Reihe eng beieinandersitzen. Das erste Kind wird wie beim Tippen ins Wasser vom Finger angestoßen. Nun fängt es an zu drängeln und gibt den Stoß an den Nachbarn weiter. Dabei sagt es: „Mach Platz!" Dieses stößt auf der anderen Seite wieder mit „Mach Platz!" an sein Nachbarkind und so weiter. Am Ende der „Kinderwasserteilchenschlange" ist der Topfrand, der sich nicht so einfach wegdrängeln lässt. Er sagt: „Mach selber Platz!" und drängelt in der Gegenrichtung zurück. So wird die Wasserwelle am Topfrand reflektiert.

2. Schallwellen

 Spiel:

„Schallwellen"

Material:
- Kochtopfdeckel
- Kochlöffel
- Pappohr (siehe Kopiervorlage Seite 178)

So geht's:
Wir sitzen noch immer in der Reihe und haben ein paar Wasserwellen hin- und herlaufen lassen. Nun frage ich die Kinder, wie denn eine Schallwelle funktioniert. Nach kurzem Schweigen: „Genauso!" Schnell werden alle Kinder zu Luftteilchen. An den Beginn der Sitzreihe legen wir den Topfdeckel, ans Ende ein Pappohr. Dann schlägt Leon mit dem Kochlöffel den Kochtopfdeckel an und setzt damit die Schallwelle in Gang. Die Luftteilchenkinder drängeln einander der Reihe nach zur Seite, bis die Schallwelle so zum Pappohr gelangt.

 Lied:

„Wir singen laut, mal leise."

Am Ende singen wir noch einmal den Refrain vom Lied „Wir singen laut, mal leise" (siehe Seite 172).

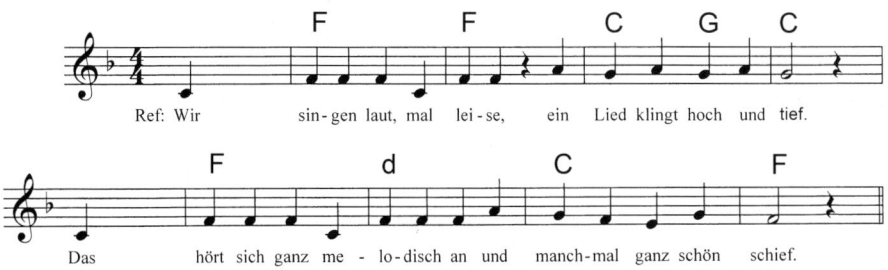

3. Trommelfell

Wie Schallwellen funktionieren, haben die Kinder gut verstanden.
Aber wie kann das Ohr diese aufnehmen? Die Kinder betrachten
zunächst die Ohren ihrer Nachbarkinder, um zu entdecken, was sich
im Gehörgang verbirgt. Julius verkündet: „In meinem Ohr ist gelber
Schmodder!" Na, dem sollten wir wohl mal in der Wanne zu Leibe rücken.
Aber was sich noch im Ohr versteckt, wollen wir heute herausfinden.

Lied:
„Wir singen laut, mal leise."

Wir singen den Refrain vom Lied „Wir singen laut, mal leise" (siehe Seite 172).

Bastelanleitung:
Außenohr mit Gehörgang und Trommelfell

Material (für jedes Kind):
- 2 Bögen DIN-A4-Pappe,
  hautfarbend, ca. 120–160 g/qm
- Ohrschablone (siehe Seite 178)
- Bleistift
- Schere
- Klebestreifen
- Klebestift
- Honigglas
- runder Luftballon

So geht's:
Auch wenn den Kindern klar ist, dass die Schallwellen auch in Mund und Nase
drängeln, so wissen sie doch, dass nur die Ohren es schaffen, diese irgendwie
aufzunehmen. Nach der ausführlichen Inspektion des Ohres des Nachbarkindes
versuchen wir, dieses nachzubauen: ein Ohr mit einem Rohr, an dessen Ende,
wenn auch nicht für uns sichtbar, ein Trommelfell ist.

3. Trommelfell

So bauen wir uns ein Ohrmodell:

1. Außenohr:
Alle Kinder malen mit der Ohrschablone ein Ohr auf die Pappe und schneiden dies aus. Sie bemalen es noch mit den entsprechenden Ohrwindungen.

2. Ohrloch:
Als Mittelohr wird ein leeres Honigglas dienen. Um dieses herum malen wir nun das Ohrloch so auf unser Ohr, dass überall um das Loch herum ein mindestens 3 cm breiter Rand stehen bleibt. Dann schneiden wir das Ohrloch aus, ohne den Rand zu beschädigen.

3. Gehörgang:
Nun formen wir aus dem zweiten DIN-A4-Blatt ein Rohr, indem wir die kurzen Seiten übereinanderlegen. In das Rohr soll das leere Honigglas genau hinein-
passen. Mit einem Klebestreifen fixieren wir das Rohr. An einem offenen Rohren-de schneiden wir den „Gehörgang" in 3 cm Abständen ca. 3 cm weit ein und klappen diese Abschnitte nach außen um. Diese Stücke bestreichen wir nun mit einem Klebestift und kleben das Rohr über dem Ohrloch am Ohr fest.

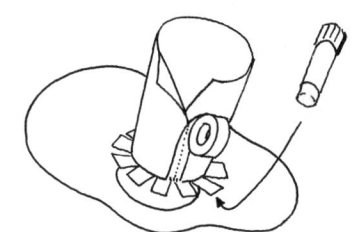

4. Trommelfell:
Jetzt schneiden wir von einem Luft-ballon den Hals ab und spannen die aus dem Luftballonbauch gewonnene Membran als Trommelfell über das leere Honigglas.

5. Fertig:
Wir stellen den Gehörgang über das Mittelohrhonigglas. So können wir je-derzeit mal im Gehörgang nachsehen, wie eigentlich das Trommelfell mit dem Mittelohr aussieht.

3. Trommelfell

Experiment:

Trommelfell

Material:

- Trommelfellmodell aus Honigglas und Luftballon (siehe Seite 79)
- Reiskörner
- Metallschüssel
- Kochlöffel
- Metallschüssel oder Topfdeckel

So geht's:

Nun haben wir uns ein eigenes Ohr gebastelt. Ob es aber auch Schallwellen aufnehmen kann? Das wollen wir nun in einem Experiment herausfinden.

Dazu nehmen wir das Mittelohr aus dem Gehörgang, um besser sehen zu können, was mit dem Trommelfell passiert, wenn es laut wird. Die Kinder vermuten, dass das Trommelfell hin- und herschwingt, wenn die drängelnde Luft der Schallwellen daraufstößt.

Die Kinder wissen, wie wir das herausfinden können: mit Geräuschen. Wir singen also auf das Trommelfell zu, aber nichts passiert. „Wir müssen mal so richtig Krach machen! Das war wohl zu leise!" Na, das ist schnell getestet: Wir schlagen mit dem Kochlöffel auf eine Metallschüssel. Auch wenn es ziemlich laut gescheppert hat, gesehen haben wir nichts.

Die Kinder sind enttäuscht. Was war falsch? Ich helfe den Kindern schließlich auf die Sprünge, indem ich sie an das Linealexperiment erinnere: „Als wir etwas gehört haben, war die Schwingung kaum noch als solche zu erkennen!"

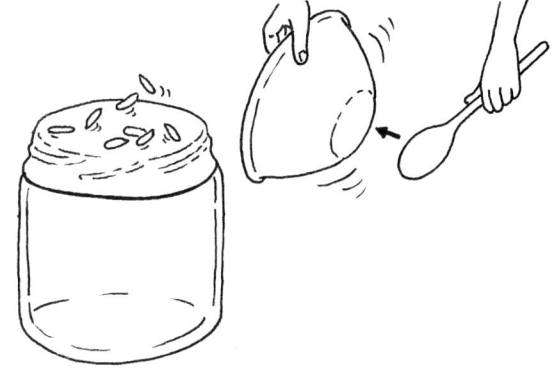

3. Trommelfell

Die Kinder erinnern sich gut, haben aber keine rechte Idee, wie es nun weitergehen soll. Ich konkretisiere die Vermutung noch einmal: „Es ist eine Schwingung da, aber wir konnten sie nicht sehen. Wir müssen sie sichtbar machen."
Ich lade die Kinder ein, sich vorzustellen, wie es wäre, wenn sie als geschrumpfte Kinder auf dem Trommelfell lägen und eine Schallwelle das Trommelfell in Schwingungen versetzte. „Dann fliege ich hoch in die Luft wie auf einem Trampolin!" Und wenn geschrumpfte Kinder auf dem Trommelfell liegend in die Luft geschleudert werden, dann kann das jeder sehen, sogar wenn die Schwingung selbst nicht sichtbar ist.

So wollen wir es also machen: Statt geschrumpfter Kinder legen wir Reiskörner auf unser Trommelfell-Modell. Wieder schlagen wir mit dem Kochlöffel auf die Metallschüssel. Und tatsächlich: Die Reiskörner springen in die Luft. Nun legen alle Kinder Reiskörner auf die eigenen Trommelfell-Modelle und lassen diese allein durch Schallwellen wie auf einem Trampolin hüpfen.

Erklärung:

Trommelfell

Der Topf gerät durch den Schlag in Schwingung, d.h. er stößt die Luftteilchen an, die ihrerseits andere Luftteilchen anstoßen. Eine Luftdruckwelle ist entstanden, der Schall. Diese trifft auf die Trommelfellmembran, die ebenfalls angestoßen wird. Dadurch wackeln die Reiskörner oder springen sogar in die Höhe.

Lied:

„Wir singen laut, mal leise."

Wir lernen die 2. Strophe vom Lied „Wir singen laut, mal leise" (siehe Seite 172).

4. Hören

*Was braucht man zum Sehen? Augen? Ja, aber das reicht allein
nicht! Augen und ein Gehirn! Und was braucht man zum Riechen?
Hüpfen? Hören? Eine Nase und ein Gehirn, Beine und ein Gehirn, Ohren
und ein Gehirn. Wenn wir Hören wollen, muss erst mal der Klang zu unseren
Ohren kommen. Das erledigen die Schallwellen. Aber wie geht es dann im Ohr weiter, bis wir tatsächlich verstanden haben, was uns jemand sagen will? Dieser Frage
widmen wir uns heute.*

Hintergrundwissen:

Wie hören wir?

Vom äußeren Ohr (1) werden die Geräusche aufgenommen. Durch den Gehörgang
(2) wandert der Schall zum Trommelfell (3). Da das Trommelfell ganz dünn ist, wird
es durch den Schall in Schwingungen versetzt. Diese werden durch die drei Gehörknöchelchen Hammer (4), Amboss (5) und Steigbügel (6) weitergegeben. Die
Knöchelchen verstärken den Schall und übertragen ihn auf die Schnecke (7). Diese
ist mit einer Flüssigkeit gefüllt, in der kleine Härchen als Fühler mit den Bewegungen
der Flüssigkeit hin- und herschaukeln wie Algen in den Wellen eines Meeres. Diese
Härchen in der Schnecke wandeln den Schall in echte elektrische Signale um und
geben sie als elektrischen Strom über den Hörnerv (8) an das Gehirn weiter. Da das
Labyrinth (9) mit seinen drei Bogengängen keine Funktion beim Hören übernimmt,
obwohl es mit dem Innenohr verbunden ist, habe ich es den Kindern verschwiegen.
Es dient der Wahrnehmung von Kopfstellung und Kopfbewegungen und damit der
Orientierung im Raum. Es wird deshalb auch als Gleichgewichtsorgan bezeichnet.

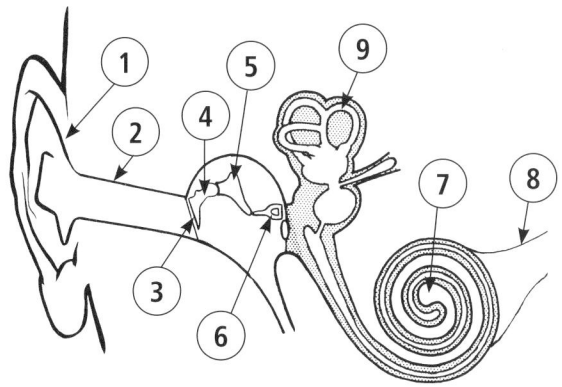

4. Hören

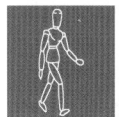

Verstehen am Modell:

Mittel- und Innenohr

Material:
- Hammerkopf-, Amboss- und Steigbügel-Schablone (siehe Seite 179)
- für jedes Kind einen ca. 7 cm langen Zweig als Hammerstiel
- Pappe
- Bleistift
- Schere
- Klebestreifen
- Luftballon
- Leitungswasser
- wasserfester Stift
- gelbe Wolle
- flüssige Klebe
- Prickelnadel und Prickelunterlage
- Mittelohr-Honigglas-Modell

So geht's:

Wie kommt nun zum Gehirn, was das Trommelfell als Schwingung aufgenommen hat? Dies begreifen die Kinder bei der Bastelaktion:

1. Mittelohr mit Gehörknöchelchen:

Wir schneiden nach der Vorlage Hammerkopf, Amboss und den äußeren Teil vom Steigbügel aus Pappe aus. Den Hammerkopf knicken wir mittig und kleben den kleinen Zweig als Hammerstiel hinein. Das Loch vom Steigbügel wird ausgeprickelt. Wir legen Hammer und Amboss Stoß an Stoß aneinander und kleben beide mit einem Klebestreifen aneinander fest, sodass eine gelenkige

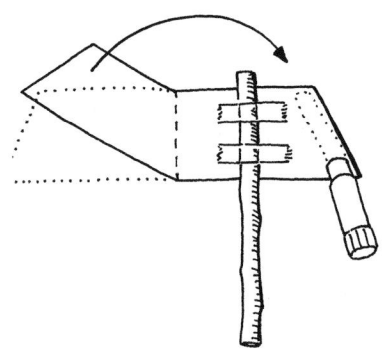

Verbindung entsteht. Genauso machen wir es mit Amboss und Steigbügel. Die drei aneinander geklebten Gehörknöchelchen stecken wir nun in das Mittelohr-Honigglas, indem wir den Luftballon (unser Trommelfell) kurz entfernen.

4. Hören

2. Schnecke:

Nun füllen wir Leitungswasser in einen (neuen) Luftballon, bis dieser etwa kinderfaustgroß ist, und knoten ihn zu. Mit einem wasserfesten Stift malen wir eine Schnecke darauf. Mit Klebestreifen fixieren wir die Schnecke am Mittelohr-Honigglas.

3. Hörnerv:

Ein kurzes Stück gelbe Wolle kleben wir mit einem Klebestreifen an die Schnecke. Es symbolisiert den Hörnerv, der das in Stromimpulse verwandelte Hörsignal zum Gehirn bringt, welches uns schließlich verstehen lässt, was uns jemand sagen will.

4. Gehörgang:

Damit wir den Gehörgang über das Mittelohr-Honigglas schieben können, ohne dass die Schnecke abgeht, schneiden wir vom Gehörgang am ohrfernen Ende ein kleines Dreieck heraus. Nun stellen wir den Gehörgang über das Mittelohr.
Fertig ist unser Ohrmodell.

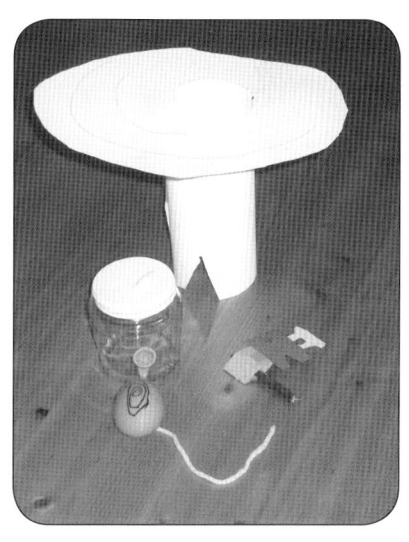

Um die Funktion des Ohres zu zeigen, nehmen wir wie im Experiment „Trommelfell" (siehe Seite 81) den Gehörgang weg und legen Reiskörner auf das Trommelfell. Mit einem Kochlöffel machen wir auf einer Metallschüssel solchen Krach, dass die Reiskörner in die Höhe fliegen, weil die Schallwellen so fest gegen das Trommelfell drücken.

Lied:

„Wir singen laut, mal leise."

Wir lernen Strophe 3 und 4 vom Lied „Wir singen laut, mal leise" (siehe Seite 172) und singen alle Strophen, die wir bereits kennen.

5. Musik

Nun haben wir schon allerhand verstanden von Schallwellen und wie diese ge-
hört werden. Doch wie werden sie wirklich losgeschickt, was passiert denn beim
Musizieren in den Instrumenten oder in den Hälsen von singenden Kindergarten-
kindern? Das wollen wir heute erforschen.

 Lied:

„Wir singen laut, mal leise."

Wir singen das Lied „Wir singen laut, mal leise" (siehe Seite 172) mit den bereits
bekannten Strophen 2 bis 4.

 Experiment:

Flügel

Material:
- Flügel (im Gemeindezentrum neben unserem Kindergarten hatten wir
  Gelegenheit, einen Flügel anzusehen)
- ggf. Orgel mit sichtbaren Pfeifen

So geht's:
Wir sehen uns zuerst die ungewöhnliche Form des Flügels an und stellen fest,
dass er hinten nicht überall gleich lang ist. Dann betrachten wir die Tastatur und
horchen auf die Töne, die entstehen, wenn wir Tasten ganz links oder ganz rechts
anschlagen.
Links brummt ein Bär, rechts summt eine Biene. Aber warum kommen mal hohe
und mal tiefe Töne aus dem Flügel?
Wie funktioniert denn das, wo doch alle Tasten gleich aussehen? Die Kinder wissen es nicht. Wir überlegen, dass das Geheimnis in dem Kasten stecken muss,
den man aufklappen kann. Wir sehen uns also die „Bänder" an. Die Kinder entdecken, dass ein kleiner Hammer an eine Saite schlägt, damit ein Ton erzeugt
wird. Es dauert nicht lange, bis sie beobachtet haben, dass die tiefen Bärensaiten

lang und dick sind, während die hellen Bienensaiten kurz und dünn sind. Jetzt wissen wir, wie der Flügel so unterschiedliche Töne machen kann. Er ist so ungewöhnlich geformt, damit lange und kurze Saiten darin Platz haben. Nun sehen wir uns noch die Orgel an: Sie hat lange und kurze Pfeifen. Sofort wissen die Kinder, welchen Zweck das hat: um hohe und tiefe Töne erzeugen zu können.

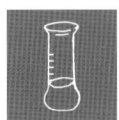

Experiment:
Drängelndes Lineal

Material:
- mehrere 30 cm lange, dünne Plastiklineale

So geht's:
Um zu verstehen, warum die langen Saiten tiefe und die kurzen hohe Töne hervorbringen, bitte ich die Kinder, sich an das *Linealexperiment* (siehe Seite 74) zu erinnern, bei dem wir dies untersucht hatten. Alle Kinder dürfen es noch einmal durchführen, um sich zu vergewissern.

Spiel:
Hohe und tiefe Töne

Material:
- Wird nicht gebraucht.

So geht's:
Wir spielen zunächst das „*Schallwellen-Spiel*", wie wir das bereits kennen (siehe Seite 78).
Nun haben wir aber verstanden, dass die Schallwellen mal schnell, mal langsam schwingen. Wir wollen zunächst einen tiefen Ton erzeugen. Alle Luftteilchenkinder haken sich beim Nachbarn ein und schunkeln langsam hin und her.

5. Musik

Als nächstes machen wir einen mittleren Ton, indem wir etwas schneller schunkeln. Schließlich haben wir ziemlich viel Spaß, als wir sehr schnell schunkeln, um einen hohen Ton zu erzeugen.

Hintergrundwissen:
Laute und leise Töne

Die Tonhöhe wird durch die Frequenz des Tons, also wie schnell zum Beispiel eine Gitarrensaite hin- und herschwingt, bestimmt. Wie stark die Saite ausschlägt, beeinflusst die Lautstärke: Wenn ich ganz sanft an der Seite zupfe, geht die Saite nur wenig hin und her, der Ausschlag ist gering. Wenn ich stark zupfe, lenke ich die Saite weit aus und ein lauter Ton entsteht. Beide Male hat beim Hin- und Herschwingen die Saite die gleiche Frequenz gehabt. Die Tonhöhe war also gleich.

Experiment:
Sprechen

Material:
- Wird nicht gebraucht.

So geht's:
Wie können wir denn selbst beim Sprechen oder Singen Töne machen?
Die Kinder erforschen nun mit den Händen, was eigentlich im Hals los ist, wenn sie sprechen.
Dazu tasten sie den Kehlkopf ab. Nadine spürt beim Sprechen des Satzes „Am liebsten experimentiere ich am Freitag" ein Kribbeln.
Mittlerweile wissen die Kinder, wie Schallwellen entstehen: Durch schnelles Hin und Her. Irgendetwas im Hals geht schnell hin und her und stößt dabei die Luftteilchen an, sodass die Schallwellen entstehen. Es ist ein Teil vom Kehlkopf, der die Luft anstößt und dabei Schallwellen erzeugt.

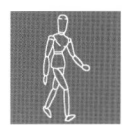

Verstehen am Modell:

Pulmine singt

Material:
- Pulmine (siehe Seite 36)
- Luftballon
- Schere

So geht's:

Was im Kehlkopf passiert, können wir uns bei Pulmine genauer ansehen. Die Luftröhre steht wie das Ende eines Rohres bei unserem Modell weit offen. Doch genau an dieser Stelle sind die Stimmbänder. Wir schneiden von einem Luftballon den Hals ab und ziehen ihn über die Luftröhre. Noch immer steht die Luftröhre weit offen. Genauso sieht es am Kehlkopf aus, wenn wir still sind und nur atmen.

In diesem Zustand erzeugen wir nur das Atemgeräusch. Sobald wir aber sprechen oder singen wollen, schließen sich die Stimmbänder. Die Luft muss sich aus den Lungen nun am engen Stimmbänderspalt vorbeidrängeln, wie bei einem Luftballon, dessen Hals in die Breite gezogen wird. Die Stimmbänder fangen, wie die Saiten einer Gitarre, an zu schwingen. So entsteht der Ton. Da die Stimmbänder länger oder kürzer eingestellt werden können, entstehen Töne unterschiedlicher Höhe.

Hintergrundwissen:

Hohe und tiefe Stimmen

Männer haben oft eine tiefe Stimme. Dazu benötigen sie lange Stimmbänder. Deshalb ist ihr Kehlkopf größer als der der Frauen. Bei Männern guckt deshalb der Kehlkopf als „Adamsapfel" vorne ein Stück aus dem Hals heraus.

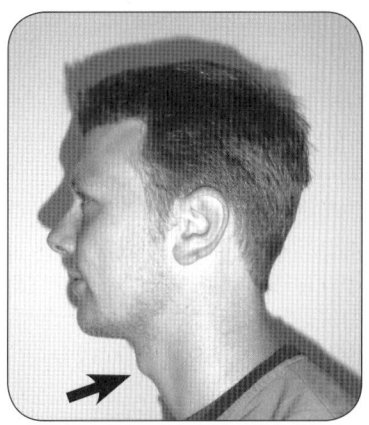

5. Musik

Experiment:
Sprechluft

Material:
- sprechende Kinder

So geht's:
Die Kinder halten beim Sprechen die Hand in kurzem Abstand vor den Mund. Sie stellen fest, dass beim Sprechen warme Luft aus dem Mund kommt. Wir sprechen mit der Ausatemluft.

Experiment:
Quietschender Luftballon

Material:
- Luftballon

So geht's:
Wir pusten einen Luftballon auf und lassen anschließend die Luft durch den offenen Luftballonhals herausströmen. Es entsteht ein recht tonloses Geräusch, ähnlich dem Atemgeräusch. Ziehen wir nun den Luftballonhals in die Breite, hören wir ein quietschendes Geräusch, ähnlich einem „A".
Die Höhe dieses Tons können wir verändern, indem wir den Hals noch breiter auseinanderziehen. Dann entsteht ein tieferer Ton als zuvor.
Nur sprechen kann der Luftballon nicht, denn einen Mund hat er nicht.
Den Mund benötigen wir zum Formen unterschiedlicher Laute. Die Kinder beobachten, was ihr Mund bei einem „B" oder „M" macht.

5. Musik

Experiment:

Gitarrenmusik

Material:
- für jedes Kind eine leere quaderförmige Margarinedose
- Gummibänder in verschiedenen Dicken und Längen

So geht's:
Alle Kinder spannen Gummibänder um eine (quaderförmige) Margarinedose ohne Deckel und bauen sich so eine Gitarre. Alle zupfen gleich los. Erst ist ihnen beim Gitarrenbau die Farbe der Gummibänder wichtig. Doch dann bemerken sie, dass die Länge und Dicke der Gummibänder für die unterschiedliche Tonhöhe verantwortlich ist. Ein reger Gummibändertausch setzt ein.
Die Kinder spüren und sehen das Vibrieren der Saite. Sie stellen fest, dass ihre Gitarren unterschiedliche Töne erzeugen. Das untersuchen wir genauer. Nur ein Kind zupft nun seine Saite an. Nachdem wir uns den Ton gemerkt haben, greifen wir nun ein kurzes Stück vom Gummi ab, sodass das Gummiband nur noch bis zur abgegriffenen Stelle schwingen kann.

Bevor wir erneut zupfen, können die Kinder einen Tipp abgeben, wie sich der Ton durch das Verkürzen des Bandes verändern wird.
Schließlich zupft zunächst ein Kind erneut. Der Ton klingt nun höher, heller. Das probieren nacheinander alle Kinder. Wir merken, dass immer die kürzeren Gummibänder höhere Töne machen, denn sie schwingen schneller. Wir erinnern uns an das *Experiment mit dem Lineal* (siehe Seite 74), bei dem wir das genauso festgestellt haben. Ihre Gitarren nehmen die Kinder mit nach Hause.

5. Musik

Lied:

„Wir singen laut, mal leise."

Wir lernen die erste Strophe des Liedes „Wir singen laut, mal leise"
(siehe Seite 172) und singen anschließend das ganze Lied mit allen Strophen.

Zum Weiterexperimentieren:

Flaschenorgel

Material:
- Gläser
- alter Löffel
- unterschiedlich farbige und verschieden große, leere Flaschen (ohne Etikett)
- Trichter
- Kanne mit Leitungswasser
- Korken
- Band
- Stock

So geht's:
Zunächst sollten die Kinder mit Gläsern herausfinden, wie sich die Tonhöhe
eines mit einem Löffel angeschlagenen Glases durch das Einfüllen von Wasser
verändert: Es klingt tiefer, da das
Wasser das Glas bremst, sodass
es nicht mehr so schnell schwingen kann.
Der Bau einer Flaschenorgel
braucht nun etwas Zeit. Die
unterschiedlich großen Flaschen
werden zunächst mit dem Löffel
angeschlagen, um deren Klang-
höhe kennenzulernen.

Entsprechend werden die Flaschen nun sortiert, die tief klingenden nach links. Einen höheren Ton als den der Flasche am rechten Ende der Reihe können Sie nicht erzeugen, denn mit dem Einfüllen von Wasser klingen die Flaschen tiefer.

Nun können Sie Wasser in die Flaschen füllen, um die Tonhöhe zu verändern. Wenn Sie eine Tonleiter versuchen wollen, so füllen Sie in die ganz links stehende Flasche so viel Wasser, bis Sie zur ganz rechts stehenden Flasche einen Oktavsprung erreicht haben. Nun lohnt es sich, erst einen Dreiklang zu stimmen, dann die übrigen Töne.

Das Stimmen der Flaschenorgel braucht Geduld und kann nicht von den Kindern erledigt werden. Vielleicht ist aber der genaue Tonabstand gar nicht so wichtig. Verkorken Sie die Flaschen und binden Sie sie mit einem Band an einen Stock. Dabei ist der Abstand so zu wählen, dass die Flaschen nicht so schnell aneinanderstoßen. Ich habe die Flaschenbänder mal länger, mal kürzer gelassen, so konnte ich an einem kurzen Stock recht viele Flaschen unterbringen.

Wir haben die Flaschenorgel im Garten mit dem Stock an einen Baum gehängt. So können die Kinder draußen ihre eigene Musik machen. Im Winter lässt sich die Flaschenorgel am Stock rasch hereinholen, um sie bei Minusgraden vor dem Platzen zu schützen.

6. Flaschengeist

Dass Luft nicht gleich Luft ist, haben die Kinder schon verstanden, denn chemisch ist sie ein Mischung verschiedener Gase. Dass aber ein und dieselbe Luft unterschiedlich viel Platz braucht, soll das Thema der heutigen Experimentierstunde sein. Es ist eigentlich die erste Stunde zum Thema „Dichte", die uns im nächsten Kapitel länger beschäftigen wird. Gleichzeitig ist es vorerst die letzte Stunde zum Thema Luft, auch wenn uns diese zu verschiedenen Zeiten wieder begegnen wird.

 Experiment:

Flaschengeist

Material:
- 2 leere Glasflaschen, eine davon vorher mindestens 1 Stunde in den Gefrierschrank legen
- 2 (durch einmal Aufpusten) vorgedehnte Luftballons

So geht's:
Heute habe ich den Kindern einen Flaschengeist angekündigt. Eine „leere" Glasflasche steht auf dem Tisch. Ein Luftballon wird über den Flaschenhals gezogen. „Das kenne ich schon vom Kribbelwasserversuch! Gleich pustet sich der Luftballon auf." Die Kinder sind sich einig, das müssen wir eigentlich nicht noch mal machen.

Doch Pustekuchen, nichts tut sich! Kein Flaschengeist zugegen. Über das Unerwartete habe ich die Aufmerksamkeit der Kinder zurückgewonnen. Nun biete ich eine weitere „leere" Glasflasche an, die eine Stunde lang im Gefrierschrank gelegen hat. In dieser nämlich vermute ich in der Tat einen Flaschengeist. Sie wird herausgeholt und gleich ein leerer Luftballon hinübergestülpt. Hier zeigt sich der Flaschengeist tatsächlich: Der Luftballon wird wie von Geisterhand leicht aufgeblasen.

 Erklärung:

Gibt es Flaschengeister?

„Nein!" Aber warum wird der Luftballon, der auf der kalten Flasche sitzt, aufgepustet?

„Da ist plötzlich mehr Luft drin!" Doch wie soll die da hineinkommen? Wir untersuchen die Flasche nach undichten Stellen. Vielleicht habe ich ja einen Trick angewendet. Aber alles ist dicht. Aus dem System Flasche-Luftballon kann keine Luft entweichen, aber auch keine dazukommen.

Wie unterscheiden sich die beiden Flaschen, deren Luftballons sich so unterschiedlich verhalten? „Eine ist warm, die andere eisig kalt!" Wir untersuchen die „warme" Flasche, wie warm sie eigentlich ist. „So normal." So warm wie hier im Zimmer, so zimmerwarm, erkläre ich den Kindern. Solange die Flasche hier bleibt, ändert sich die Temperatur auch nicht. Jetzt überlegen wir, was mit der kalten Flasche passiert, wenn sie ins Zimmer kommt. Ändert sich dann ihre Temperatur? „Sie wird wärmer!" Aha! Nun haben wir es fast. In der Flasche ist immer die gleiche Menge Luft, aber wenn sich die kalte Luft erwärmt, dann kann sie sogar einen Luftballon aufpusten, denn dann braucht sie mehr Platz. Luft dehnt sich bei Erwärmung aus. Die Luftteilchen drängeln und drücken dann an die Flaschenwand, die aber starr ist. Die Luftballonwand lässt sich aber dehnen, und so wird der Luftballon aufgepustet.

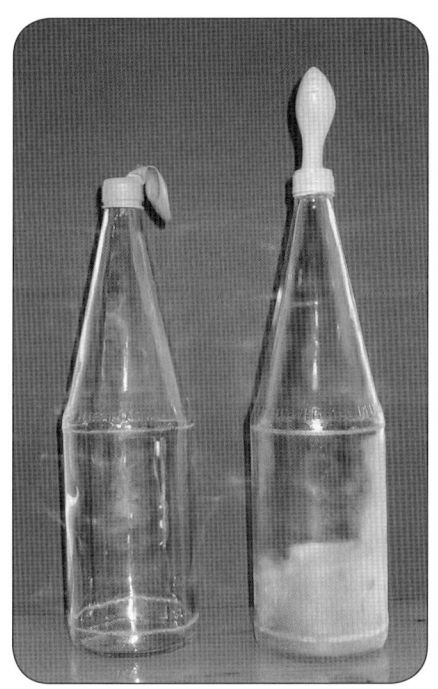

6. Flaschengeist

 Experiment:

Heiße Luft

Material:
- hohes Gefäß
- heißes Wasser
- Föhn

So geht's:

Wir wollen unsere Vermutung erhärten. Was würde nach unserer Theorie passieren müssen, wenn die Flasche noch wärmer wird? Dann müsste der Ballon noch größer werden, denn die Luft benötigt dann noch mehr Platz. Wie können wir die Flasche noch wärmer machen? Die Kinder wärmen die Flasche zunächst mit ihren Händen, die vom *„kleinen Feuer ohne Flamme"* (siehe Seite 30) wärmer sind als die Umgebungsluft. Der Luftballon wird größer.

Dann stellen wir die Flasche in ein hohes Gefäß, in das heißes Wasser gegossen wird. Der Ballon wird noch dicker.

Eine andere Kindergruppe schlägt vor, die Flasche mit dem Föhn zu erwärmen. Auch so wird der Luftballon dicker. Auch die anfangs zimmerwarme Flasche haben wir gründlich geföhnt und beobachten können, wie sich der Luftballon allmählich aufstellt.

 Erklärung:

Warum braucht warme Luft mehr Platz als kalte?

Je kälter die Luft ist, erkläre ich den Kindern jetzt, umso weniger bewegen sich die Luftteilchen. Je wärmer sie ist, umso wilder fliegen die Luftteilchen umher.

6. Flaschengeist

Dafür brauchen sie mehr Platz – so wie die Kinder im Stuhlkreis weniger Platz brauchen, wenn sie still sitzen, als zum Turnen, wenn sie rennen. Wenn die Luftteilchen wärmer und schneller sind, sind alle nicht mehr so dicht beieinander.

Spiel:

„Kalte, warme, heiße Luft"

Material:
- Wird nicht gebraucht.

So geht's:
Zunächst ist es „kalt": Die Kinder stehen eng beieinander und bewegen sich ein bisschen auf der Stelle. Nun rufe ich „warm" und die Kinder laufen langsam im Raum umher. Dafür brauchen sie mehr Platz. Bei „heiß" flitzen alle Kinder wild durch den Raum und füllen ihn ganz.
Bei „kalt" laufen die Kinder wieder zusammen, bei „heiß" flitzen sie umher. Abwechselnd dürfen die Kinder „kalt", „warm" oder „heiß" ansagen.

Wasserforscher und Luftikusse

Wasser

Wasser ist als Forschungsgegenstand für Kinder ausgesprochen gut geeignet:
Die meisten Kinder plantschen sehr gerne mit Wasser. Sie haben bereits vielfältige
eigene Erfahrungen gemacht und lassen sich nun von Dingen überraschen, die
sie alle kennen, über deren Ursache sich aber die meisten bisher keine Gedanken
gemacht haben.

Wasserforscher und Luftikusse

Aggregatzustände

Wasser ist veränderlich. Kinder lieben das Wasser im Sommer beim Schwimmen flüssig. Im Winter verzaubert der Schnee unsere Welt. Und Wasserdampf vernebelt gelegentlich unsere Küche. Wasser ist ideal, um den Kindern die drei Aggregatzustände näherzubringen.

Experimentierstunden:
1. Wolken und Regen (S. 102)
2. Wasserdampf (S. 107)
3. Fest – flüssig – gasförmig (S. 113)

1. Wolken und Regen

Heute wollen wir die Aggregatzustände am Beispiel Wasser erkunden, denn Wasser ist nicht immer nass. Manchmal verschwindet es sogar, denn es wird zu Gas. So bietet sich der Wasserdampf als Übergang vom flüssigen zum gasförmigen Zustand an.

 Experiment:

Wasserdampfwolke

Material:
- Wasser
- Wasserkocher
- Verlängerungsschnur

So geht's:
Wir wollen Leitungswasser im Wasserkocher bei offenem Deckel kochen.
Vorsicht: Verbrühungsgefahr!

Ich lasse den Wasserkocher nicht los, damit er nicht aus Versehen umfällt, wenn jemand über die Verlängerungsschnur stolpert! Alle Kinder wissen, was passieren wird: „Wasserdampf wird aufsteigen." Wir sehen uns den Wasserdampf über dem Wasserkocher genau an. Er sieht aus wie Nebel. Und so ist es auch: Nebel ist ebenso Wasserdampf wie die kleine Wolke, die gerade über dem Wasserkocher entstanden ist. Ich erkläre den Kindern, dass es sich hierbei um eine Wolke handelt, die wir hier unten am Boden haben. Wenn es draußen nebelig ist, dann ist das nichts anderes als eine Wolke am Boden. Wenn die Wolken am Himmel sind, sehen sie aus wie Watte und man denkt, man könnte sich hineinfallen lassen wie in ein Kuschelbett, wenn man nur dort oben wäre.
Wenn man aber schon mal im Flugzeug durch eine Wolke geflogen ist, dann ist das wie Nebel. Nur feucht luftig, nicht kuschelweich wattig.

1. Wolken und Regen

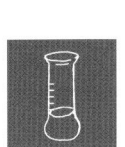

Experiment:
Wolken fliegen

Material:
- Wasser
- Wasserkocher
- Verlängerungsschnur
- pustendes Kind

So geht's:
Tim bemerkt, dass Wolken auch fliegen können. Schnell machen wir unseren Wasserkocher wieder an. Leonie pustet gegen die Wolke: Sie biegt sich und fliegt mit dem Wind.

Experiment:
Regen

Material:
- Wasserkocher
- Wasser
- Topfdeckel (Radius größer als der des Wasserkochers)
- wasserfeste Spielfigur mit Regenschirm (z.B. von Lego-Duplo)

So geht's:
Im Wasserkocher, neben den wir eine wasserfeste Spielfigur gestellt haben, bringen wir das Wasser wieder zum Kochen.
Vorsicht: Verbrühungsgefahr!

Ich lasse den Wasserkocher nicht los, damit er nicht aus Versehen umfällt! Nun wollen wir einen Topfdeckel nass machen, ohne ihn ins Wasser zu stecken. Die Kinder kommen drauf: Wir müssen den Deckel in den Dampf halten. Am kalten Deckel des Topfes wird dann der Dampf wieder zu flüssigem Wasser, denn in kalte Luft passt nicht so viel Wasser hinein wie in warme. Wenn Wasserdampf wieder

1. Wolken und Regen

flüssig wird, dann nennt man das kondensieren. Das ist wirklich keine Zauberei!
Die Wassertropfen laufen am Deckel herab, bis sie dorthin heruntertropfen, wo
die Spielfigur neben dem Wasserkocher steht. Diese holt gleich ihren Regenschirm
hervor, damit sie nicht nass wird.

Nacheinander halten nun alle Kinder mal den Topfdeckel, den wir nach jedem
Regen abtrocknen, um einen echten Beweis zu führen, dass er allein vom Dampf
nass wird.

 Im Alltag:

Kondensstreifen

Am Himmel gibt es keine Kochtopfdeckel, an denen das Wasser kondensieren,
also wieder flüssig werden kann.

Wenn aber ein Flugzeug vorbeifliegt und mit den Abgasen auch kleine Feinstaub-
teilchen an den Himmel bringt, so kann das Wasser aus der Luft daran kondensieren. Es entsteht eine weiße Streifenwolke, der Kondensstreifen. Genauso aber, wie
nach dem *Anhauchen einer Scheibe* (siehe Seite 109) schon nach einer kurzen
Zeit das kondensierte Wasser wieder verdunstet, so verschwindet auch nach einiger Zeit das Kondensstreifenwasser wieder in der Luft.

1. Wolken und Regen

Experiment:

Blauer Regen

Material:
- Herdplatte
- Leitungswasser
- Lebensmittelfarbe
- Topf mit Deckel
- weißes Küchenpapier

So geht's:

Floyd hat das Regenexperiment so begeistert, dass er sich wünscht, mal alles blau regnen zu lassen: „Man muss nur blaues Wasser nehmen!" Wir wollen blaues Wasser in einem Topf verkochen lassen, dann werden blaue Tropfen am Topfdeckel kondensieren und wir färben mit dem bunten Regen unsere Welt neu ein, das ist unsere Theorie.

Wir färben Leitungswasser mit Lebensmittelfarbe blau (Tinte entfärbt beim Kochen und ist deshalb ungeeignet). Auf einer Herdplatte in einem Kochtopf erhitzen wir das Wasser.

Der Deckel des Topfes wird allmählich nass, doch das Kondenswasser bleibt klar. Wir putzen den Deckel mit weißem Küchenpapier ab und prüfen das Kondenswasser auf blaue Farbspuren: Nichts! Die Farbe ist im Wasser geblieben, sie ist nicht mit der Luft mitgegangen.

Der gelöste blaue Farbstoff bleibt im Topf zurück.

Ein bisschen finden wir das schade, denn wir waren neugierig auf eine bunte Bilderbuchwelt durch farbigen Regen.

Ein bisschen ist es aber auch ein Glück, dass wir uns nicht nach jedem Regenschauer Farbe von Kleidung und Haut schrubben müssen.

1. Wolken und Regen

Experiment:

Wasser verschwindet

Material:
- 3 Marmeladengläser
- Leitungswasser
- Tesafilm

- wasserfester Stift
- ein Marmeladenglasdeckel
- ein dunkler Schrank

So geht's:

Wie viele Wasserkocher müssen den ganzen Tag an sein, damit soviel Wasser verdampft, dass wir genug Regen in unseren Garten bekommen? Oder wie kann Wasser sonst noch mit der Luft mitgehen? Geht das auch mit kaltem Wasser? Kann Wasser verschwinden? Ich lenke die Aufmerksamkeit der Kinder auf die Wäsche an der Leine. Sie trocknet, dass wissen die Kinder. Aber wo ist dann das Wasser geblieben? „Es ist mit der Luft mitgegangen." Es verdunstet.

Ob aus einem Marmeladenglas wohl Wasser verschwindet, ohne dass die Kindergartenkatze Maja es austrinkt? Wir markieren drei Marmeladengläser mit einem Strich, bis zu dem wir sie mit Leitungswasser befüllen. Eines stellen wir offen auf einen sicheren Schrank. Ein zweites verschließen wir mit dem Deckel. Ein drittes stellen wir offen in einen Schrank, denn Luca vermutet, dass zum Verdunsten Licht gebraucht wird. Nun müssen die Kinder bis zur nächsten Experimentierstunde warten, bis wir zu einem Ergebnis kommen. Wir betrachten die Gläser in der nächsten Stunde. Tatsächlich, das Wasser ist in den offenen Gläsern weniger geworden, auch im Dunkeln. Licht ist also für die Verdunstung nicht nötig.

Im verschlossenen Glas ist aber alles unverändert, denn im Glas ist nur wenig Luft, mit der das Wasser mitgehen kann. Dort ist sogar so wenig Luft, dass wir nicht einmal erkennen können, dass überhaupt Wasser verschwunden ist.

Lied:

Die schlauen Vorschulkinder

Wir singen zum Abschluss wie immer unser Vorschulkinderlied (siehe Seite 171), heute lernen wir dazu aber zusätzlich die 3. Strophe, die wir ab jetzt immer mitsingen.

2. Wasserdampf

Was die Kinder schon tausendmal zu Hause beim Kochen erlebt haben, fasziniert sie, wenn sie es systematisch erforschen: Wasser fängt an zu kochen, Bläschen und Dampf entstehen. Ich war wirklich überrascht, dass es so leicht ist, die Kinder zu begeistern.

Experiment:

Kochen und Kondensieren

Material:
- Wasser
- Wasserkocher
- Verlängerungsschnur
- Topfdeckel

So geht's:
Wir haben wieder den Wasserkocher offen auf den Tisch gestellt.
Wir füllen Leitungswasser hinein und stellen ihn an.
Vorsicht, Verbrühungsgefahr!

Ich lasse den Wasserkocher nicht los, damit er nicht aus Versehen umfällt! Alle Kinder erinnern sich an den Wasserdampf, der über dem Wasserkocher aufsteigen wird. Aber woran erkennen wir, dass das Wasser kocht? „Das erkennt man doch an den Blubberblasen!" Das ist nun wirklich keine Neuigkeit für die meisten Kinder. Aber dennoch wollen wir uns die Blubberbläschen mal genauer ansehen. Die Kinder stehen um den runden Tisch herum und beobachten genau die Bläschen, die am Boden des Wasserkochers entstehen.
Die Kinder spekulieren: Das ist Luft, die ins Wasser reingegangen ist. Nein! Das ist Sauerstoff. Nein! Das ist Kohlendioxid. Ich freue mich, dass die schweren Namen der Gase, die wir bei den Luftexperimenten gelernt haben, noch präsent sind. Aber, es stimmt wieder nicht. Nun sind die Kinder ratlos.
Ich erkläre den Kindern, dass das Wasser nun aussieht wie Luft, denn das Wasser ist wie Luft geworden, zu einem Gas. Dieses „Wassergas" – oder besser Wasserdampf genannt – kann nun mit der Luft mitgehen. Wir stellen den Wasserkocher aus, wenn die Bläschen erscheinen, damit diese sich ganz langsam vom Boden

2. Wasserdampf

ablösen. Dann stellen wir den Wasserkocher wieder an und sehen, wie neue Bläschen entstehen und größer werden.

Schließlich halten wir einen Topfdeckel über den Wasserkocher und lassen das Wasser wie beim *Regenexperiment* (siehe Seite 103) in der letzten Stunde kondensieren. Es wird wieder flüssig, denn auch im Wasserdampf war das Wasser nie verschwunden. Es war eben nur mal mit der Luft mitgegangen.

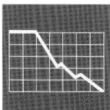 Ergebnisdiagramm:

Aggregatzustände: flüssig – gasförmig (1. Teil)

Material:

- Bildkarten: Wasser, Wasserdampf, evtl. noch Apfelsaft, Milch, Sauerstoff, Kohlendioxid (siehe Seite 180)
- Pinnwand
- Stecker

So geht's:

Ich stecke die Bildkarte „Wasser" mittig und die Bildkarte „Wasserdampf" rechts davon an die Wand. Die linke Seite lasse ich noch frei.

Dann überlegen wir, welche flüssigen Stoffe wir noch kennen. Entweder malen die Kinder die Bildkarten „Apfelsaft" und „Milch" selbst auf oder Sie nutzen die vorgegebenen Bildkarten. Diese stecken wir unter das „Wasser" an die Pinnwand. Hier sammeln wir die Flüssigkeiten.

Dann malen die Kinder Bilder für „Sauerstoff" und „Kohlendioxid" oder nutzen die schon fertigen Bildkarten und stecken sie unter dem „Wasserdampf" an die Tafel. Hier ist also Platz für Gase.

Da wir das Ergebnisdiagramm in der nächsten Experimentierstunde noch weiter vervollständigen wollen, sollten Sie es gut aufbewahren (siehe Seite 116).

2. Wasserdampf

Experiment:

Nasse Atemluft

Material:
- Fensterscheibe oder Spiegel

So geht's:
Was passiert, wenn wir einen Spiegel oder eine Scheibe anhauchen? Auf
diesen setzt sich ein feiner Nebel ab, das haben die Kinder schon oft erlebt.
Nun probieren es alle am Spiegel oder an der Scheibe aus. Die Kinder hauchen an

2. Wasserdampf

die Scheibe, beobachten den entstehenden Nebel und wischen diesen ab. Er fühlt sich nass an. Aber woher stammt das Wasser so plötzlich, das da am Spiegel klebt? Regnet es hier rein? Ist das Dach undicht? Nein, vielmehr handelt es sich um das Wasser aus der Atemluft. Der beschlagene Spiegel fühlt sich nass an, denn beim Atmen machen un-

sere Lungen die Luft nasser. Am kalten Spiegel kühlt die zunächst körperwarme Atemluft ab. In die jetzt kalt gewordene Luft passt nicht so viel Wasser hinein wie in warme Luft, sodass das Wasser wieder aus der Luft herauskommen muss, es kondensiert. Um das zu verstehen, erinnere ich die Kinder an das Spiel „Kalte, warme, heiße Luft" (siehe Seite 97). Die Kinder erklären mir, dass in warmer Luft die Luftteilchen schneller unterwegs sind und deshalb mehr Platz brauchen als die langsamen kalten. In diese größeren Lücken zwischen den warmen Luftteilchen, erkläre ich den Kindern, passen nun einfach mehr Wasserteilchen hinein als in die engen Lücken zwischen den kalten Luftteilchen.

 Im Alltag:
Dampfender Atem

Die Kinder erzählen, dass bei kaltem Wetter beim Ausatmen Dampf vor dem Mund zu sehen ist. Sie überlegen, dass man eine Wolke machen kann, wenn sich alle Kinder im Kreis aufstellen und gleichzeitig ausatmen. Ich schlage vor, dass die Kinder, wenn wieder so ein kühles „Dampfatemwetter" ist, das einmal selber als ein Experiment durchführen sollten.

2. Wasserdampf

 Experiment:
Wasserkessel

Material:
- Wasserkessel mit Pfeife
- Wasser
- Herdplatte

So geht's:
Ich zeige den Kindern einen Wasserkessel, den ich mir bei Oma Hilla ausgeliehen habe. Die meisten haben zuvor nie einen Kessel gesehen. Ich erzähle den Kindern, dass früher in fast jedem Haushalt ein Kessel mit Wasser zum Kochen gebraucht wurde. Die Kinder untersuchen das Gerät und stellen schnell fest, dass auf dem Ausgießer eine Pfeife steckt. Nacheinader entlocken alle Kinder dieser Pfeife einen schrillen Ton, indem sie Luft hineinpusten.

Aber wozu braucht ein Kessel nun eine Pfeife? „Vielleicht macht der Kessel Musik, wenn man das Wasser in die Tasse gießt!" Schnell haben wir es ausprobiert. In der Kinderküche befüllen wir den Kessel mit Wasser, das ziemlich strubbelig aus dem Pfeifenaufsatz spritzt. Einen schrillen Ton konnten wir nicht hören. Schließlich vermuten die Kinder (ziemlich ungläubig) richtig, dass der Wasser-

dampf beim Kochen der Pfeife einen Ton entlockt. Das probieren wir: Wir bringen das Wasser im Kessel auf der Herdplatte zum Kochen. Nach kurzer Zeit hören wir ein Brodeln. Es steigt Dampf aus der Pfeifenöffnung. Schließlich hören wir erst ganz leise, dann schrill und durchdringend den vermuteten Pfeifton, der uns sagt: Das Wasser kocht! Das ist erstaunlich: Wasser kann zu echtem Gas werden, das sogar Schallwellen erzeugen kann.

2. Wasserdampf

 Spiel:

"Wasserdampf"

Material:

- blaue Pappkreise

So geht's:

Zunächst spielen wir das Spiel „Kalte, warme, heiße Luft" (siehe Seite 97).
Anschließend erhält etwa ein Drittel der Kinder blaue Pappkreise.
Diese Kinder sind die Wasserteilchen. Alle anderen Kinder bleiben Luftteilchen.
Die Luftteilchen-Kinder stehen, denn sie sind gasförmig und können also nach
oben fliegen. Die Wasserteilchen-Kinder hocken am Boden, denn sie sind zunächst alle flüssig.
Die Luftteilchen-Kinder stehen nun im Kreis nah beieinander, denn die Luft ist
kalt. Ein Wasserteilchen-Kind passt gerade noch in ihre Mitte. Es kommt aus der
Hocke und stellt sich dorthin. Dieses Wasserteilchen ist also mit der Luft mitgegangen, also verdunstet oder verdampft. Die übrigen Wasserteilchen sind noch
flüssig und hocken am Boden. Nun erwärmen wir die Luft: Die Luftteilchen laufen im Kreis etwas schneller und sind weniger dicht beieinander, so wie wir das
bereits beim Spiel „Kalte, warme, heiße Luft" gemacht haben. Nun passen mehr
Wasserteilchen in den Kreis. Die flüssigen Wasserteilchen stehen auf und huschen
mit in die Kreismitte, sie verdampfen und gehen mit der Luft mit.
Nun lassen wir die Luft wieder abkühlen. Die Kinder laufen wieder langsamer
im Kreis und kommen wieder dichter zueinander. Es passen dann nicht mehr alle
Wasserteilchen in die kalte Luft hinein, das kalte Wasser wird aus der Luft hinaus-
gepresst. Einige Wasserteilchen-Kinder kondensieren, sie werden wieder flüssig
und hocken sich außerhalb des Kreises auf den Boden zurück.
So entstehen Regen und Nebel.

3. Fest – flüssig – gasförmig

Wasser kann flüssig sein oder wie Luft, also gasförmig. Aber kann es auch noch anders sein, eine andere Form annehmen? Gibt es wohl Steine aus Wasser? Heute wollen wir einiges über einen dritten Aggregatzustand erfahren.

Experiment:

Aus Eis wird Wasser

Material:
Für jedes Kind:
- 1 Eiswürfel und 1 Schälchen
- Handtücher

So geht's:
Steine aus Wasser? Die Kinder sind bei dieser komischen Wortwahl irritiert. Was soll das denn sein? Aber dann dämmert es ihnen und wir holen Eiswürfel aus dem Eisschrank. Jedes Kind erhält einen Eiswürfel in einem Schälchen. Die Kinder fühlen die Eiseskälte, die glitschige Oberfläche, beschweren sich über nasse Hände und verlangen nach einem Handtuch. Schließlich finden sie eine kleine Wasserpfütze in ihrem Schälchen. „Das Eis schmilzt und wird wieder zu Wasser." Das haben alle Kinder im Winter schon erlebt. Aber wo ist das Eis geblieben, wenn plötzlich nur noch Wasser da ist? Wo ist das Wasser hergekommen, das sich als Pfütze in der Schale sammelt? Eiswürfel sind Steine aus Wasser! Im flüssigen Wasser können die Wasserteilchen aneinander vorbeischwimmen und sich immer wieder neu anordnen. Wird das Wasser aber zu Eis, so entsteht eine feste Nachbarschaftsstruktur. Die Wasserteilchen halten sich aneinander fest. Dabei halten sie sogar etwas mehr Abstand als zuvor in flüssigem Zustand. Das flüssige Wasser kann fest werden, dann ist es Eis. Und alle wissen, wie wir aus Wasser Eis machen können: Wir müssen das Wasser ins Gefrierfach stellen, dann wird es fest und hart.

3. Fest – flüssig – gasförmig

Spiel:

„Wasser und Eis" (1. Teil)

So geht's:
Die Kinder werden zu Wasserteilchen, die ganz dicht beieinanderstehen können. Sie können aneinander vorbeigehen und die Plätze tauschen, denn das Wasser ist flüssig. Wenn sie zu Eis werden, strecken alle ihre Arme aus und halten ein anderes Kind am Pullover fest. Dadurch stehen die Kinder in größerem Abstand und brauchen mehr Platz. Sie können nicht mehr so dicht stehen wie zuvor. Wird „warm" gerufen, so schmilzt das Eis, die Kinder lassen sich los, kommen wieder nah zueinander und können aneinander vorbeigehen und untereinander die Plätze tauschen, also frei „umherschwimmen". Bei „kalt" gefriert das Wasser wieder zu Eis, es entsteht eine feste Nachbarschaftsstruktur und die Teilchen stehen nicht mehr so dicht beieinander.

Spiel:

„Eis passt nicht rein"

Material:
- Seilchen oder Reifen

So geht's:
Alle Kinder sind Wasserteilchen. Sie stehen eng beieinander. Nun lege ich um die Wasserkinder ein Seilchen kreisförmig auf den Boden, sodass alle eng beieinanderstehenden Kinder gerade noch hineinpassen. Nun gefrieren die Kinder zu Eis. Sie strecken ihre Arme aus und halten die Nachbarkinder an der Schulter fest. Sie verbinden sich in fester Struktur. Dabei stehen die Kinder nicht mehr so dicht beieinander wie vorher. Als Eis passen nicht mehr alle Kinder in den Seilchenkreis. Jetzt lasse ich die Kinder wieder zu Wasser schmelzen. Sie lassen einander wieder los und huschen wieder nah zueinander, sodass alle wieder in den Kreis passen. Die Wasserteilchen schwimmen aneinander vorbei, werden neu gemischt, sodass immer andere Kinder beim Gefrieren außerhalb des Seilchenkreises stehen.

3. Fest – flüssig – gasförmig

Experiment:

Eis braucht Platz

Material:
- Marmeladengläser mit Deckel
- Gefrierbeutel
- Leitungswasser
- Gefrierfach

So geht's:
Wir überlegen, was passieren wird, wenn wir ein volles Wasserglas ins Gefrierfach stellen. Einige Kinder vermuten, dass das Eis mehr Platz braucht. Es wird oben aus dem Glas herausgucken müssen. Vielleicht läuft es über. Wir stellen ein randvoll mit kaltem Leitungswasser gefülltes Marmeladenglas in einer Plastiktüte ins Gefrierfach. In der nächsten Experimentierstunde erkennen wir den Eisberg, der sich entsprechend unserer Vermutung tatsächlich gebildet hat. Was wird aber mit einem verschlossenen Marmeladenglas geschehen, wenn das Eis immer stärker gegen das Glas drückt? Um den Kindern auf die Sprünge zu helfen, überlegen wir, was mit einem Luftballon passieren wird, in den zuviel Luft gepustet wird. „Er platzt!" Bei einem Glas können sich die Kinder das wirklich nicht vorstellen, sodass wir es herausfinden müssen: Wir stellen ein mit Wasser gefülltes, verschlossenes Marmeladenglas ebenfalls in einem Gefrierbeutel bis zum nächsten Tag ins Gefrierfach. Das Eis hat das Glas tatsächlich gesprengt. Eis braucht mehr Platz, denn in Eis sind die Wasserteilchen nicht so dicht beieinander wie in flüssigem Wasser. Die Teilchen sind im Eis auseinandergedrängt und konnten sogar ein Glas sprengen. Vorsicht, damit sich niemand an den Scherben verletzt!

3. Fest – flüssig – gasförmig

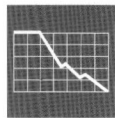 Ergebnisdiagramm:

Aggregatzustände: fest – flüssig – gasförmig, 2. Teil

Material:

- „Ergebnisdiagramm: flüssig, gasförmig" (siehe Seite 108) an der Pinnwand
- zusätzliche Bildkarten: Eiswürfel, Stein, Holz (siehe Seite 181)
- Stecker

So geht's:

Die Bildkarte „Eis" wird links an die Pinnwand der letzten Experimentierstunde gesteckt. Mittig sind bereits flüssige und rechts gasförmige Stoffe, links ergänzen wir nun weitere feste Stoffe wie Steine, Bananen, Schultornister oder was den Kindern sonst noch so einfällt. Das malen sie entweder selbst oder/und sie verwenden die bereits fertigen Bildkarten.

3. Fest – flüssig – gasförmig

 Experiment:

Kerzenwachs: fest – flüssig – gasförmig

Material:
- Teelichter (möglichst für jedes Kind eins)
- Stecker
- Kinderfeuerzeug
- Bildkarten von festem, flüssigem und gasförmigem Kerzenwachs (siehe Seite 181)
- Ergebnisdiagramm: Fest – flüssig – gasförmig (siehe Seite 116)

So geht's:
Eine Kerze besteht aus festem Kerzenwachs. Kann Wachs auch flüssig oder gasförmig sein? Kann Wachs denn wegfließen oder fliegen? Die Kinder kennen flüssiges Wachs, welches sich in der Nähe der Flamme bildet. Aber fliegendes Wachsgas, das haben sie noch nie gesehen.
Alle Kinder stecken ein Teelicht mit dem Kinderfeuerzeug an, nachdem sie mich vorher um Erlaubnis gefragt haben, ob sie ein Feuer machen dürfen.
Schon bald sehen wir einen Wachssee unterhalb der Flamme.
Aber wo ist das Wachsgas? Wir können keines finden. Enttäuscht löscht zunächst ein Kind seine Kerze. Aber was ist das? Wenn wir die Kerze löschen, steigt gasförmiges Wachs als Wachsdampf auf. Nacheinander löschen nun die Kinder ihre Kerzen und wir sehen die Wachsdampffahnen aufsteigen.
Mit den drei Wachskärtchen ergänzen wir nun unser Ergebnisdiagramm.

 Im Alltag:

Harte Butter wird warmes Öl

Butter ist zum Streichen zu hart, wenn sie gerade aus dem Kühlschrank kommt. Bei warmer Zimmertemperatur wird sie dann aber weicher. Wenn man sie erhitzt, wird sie zu flüssigem Öl.
Kuvertüre macht man flüssig, um sie gut auf einen Kuchen auftragen zu können, nach dem Abkühlen klebt sie als eine feste Schokoladenkruste auf dem Kuchen.

3. Fest – flüssig – gasförmig

 Experiment:
Schokolade schmilzt

Material:
- Eiskonfekt für alle Kinder

So geht's:
Vor dem Experiment müssen sich alle Kinder gründlich die Hände waschen. Jedes Kind erhält ein Stück Eiskonfekt, das es in der Hand schmelzen lässt. Vorsicht, das Gematsche macht viel Spaß! Der Schmelzeffekt ist so gut, dass Schokolade auf den Boden und die Kleidung der Kinder tropft.
Die Kinder dürfen die geschmolzene Schokolade von den Händen ablecken und genießen.
Beim Händewaschen mit kaltem Wasser bemerkt Sven, dass die Schokolade vom kalten Wasser wieder fest wird und sich nur schwer von den Händen ablösen lässt. Warmes Wasser und Seife helfen.

 Lied:
Die schlauen Vorschulkinder

Wir lernen die 2. und 4. Strophe vom Vorschulkinderlied (siehe Seite 171) und singen alle bekannten Strophen.

 Hausaufgabe:
Fest – flüssig – gasförmig

Alle Kinder sollen je ein Bild von einem festen Gegenstand, einer Flüssigkeit und einem Gas malen. Diese werden dann in der nächsten Experimentierstunde an die Tafel gesteckt.

Schwimmen und Sinken

In der letzten Stunde haben wir bereits einen ersten Eindruck von Dichte bekommen, ohne sie explizit zu benennen. Heute wollen wir den Phänomenen Schwimmen und Sinken als Ausdruck von Dichte näher auf die Spur kommen.

Experimentierstunden:

1. Eis schwimmt (S. 120)
2. Was schwimmt noch? (S. 124)
3. Wasser drückt (S. 126)
4. Zauberwasser (S. 131)
5. Salz im Wasser (S. 138)
6. Wie dicht ist warmes Wasser? (S. 143)
7. Luft dehnt sich aus (S. 146)

1. Eis schwimmt

Eis ist gefrorenes Wasser, das wissen nun alle Kinder. Heute wollen wir wissen, ob Eis schon „im Schwimmkurs" war.

 Experiment:

Eis schwimmt

Material:
- Eiswürfel (möglichst für jedes Kind einen)
- große Glasschüssel mit Leitungswasser

So geht's:
Ich habe wieder Eiswürfel in einem Schälchen auf den Tisch gestellt, daneben eine mit Wasser gefüllte Schüssel. Was wird geschehen, wenn wir den Eiswürfel ins Wasser legen? Matthes weiß: „Er schmilzt." Ja, das stimmt. Aber wo wird der Eiswürfel vorher sein? Die meisten Kinder ahnen, dass er schwimmen wird. Aber stimmt das wirklich? Also los. Die Kinder legen ihren Eiswürfel in die Schale mit Wasser. Sie beobachten, dass das Eis oben schwimmt. Wir versuchen, den Eiswürfel herunterzudrücken. Das geht. Wenn man ihn loslässt, flutscht er aber wieder nach oben. Eis schwimmt.

 Erklärung:

„Eis ist leichter als Wasser"

Das erklären mir die Kinder. Eis braucht mehr Platz als die gleiche Menge Wasser, das haben wir erfahren, als wir aus Wasser Eis gemacht haben. Im Eis sind die Teilchen nicht so dicht beieinander wie in flüssigem Wasser. Es passen also nicht so viele gefrorene Wasserteilchen als Eis in ein Marmeladenglas, wie vorher als flüssiges Wasser hineingingen. Somit sind mehr Wasserteilchen im Glas, wenn das Wasser flüssig ist. Deshalb ist das mit flüssigem Wasser gefüllte Glas schwerer, Eis ist leichter. Es kann schwimmen.

1. Eis schwimmt

Spiel:

„Wasser und Eis" (2. Teil)

Material:

- Seilchen oder Turnreifen

So geht's:

Wir spielen das Spiel *„Wasser und Eis"* wie bereits in der letzten Stunde (siehe Seite 114). Nachdem ich um die flüssigen Wasserteilchenkinder wieder einen Seilchenkreis gelegt habe, gefrieren die Kinder zu Eis, indem sie wieder mit ausgestreckten Armen die Nachbarkinder an der Schulter festhalten.

Es passen nicht mehr alle Kinder in den Kreis, einige müssen draußen bleiben. Wie schwer wohl alle Kinder im Kreis zusammen sind? Sehr schwer!

Puh, das kann keiner hochheben!

Nun lassen wir das Wasser wieder schmelzen. Jetzt passen wieder alle Kinder in den Kreis. Und wie schwer sind nun alle Wasserkinder im Kreis zusammen? Noch viel schwerer als eben!

Weil die Wasserteilchen im Wasser viel dichter beieinanderstehen, passen viel mehr Kinder in den Kreis als beim Eis. Wasser ist schwerer als Eis, weil einfach mehr Wasserteilchen in den Kreis passen als Eisteilchen. So ist es gemeint.

Deshalb schwimmt das Eis. Noch ein paar Male lasse ich die Kinder zu Eis gefrieren und schmelzen. Immer stehen andere Kinder außerhalb des Kreises und erleben, dass sie manchmal mitgewogen werden und manchmal beim Wiegen fehlen.

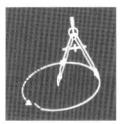

Schematische Zeichnung:

Wasser ist schwerer als Eis

Material:

- Pappe
- Schere
- blaue Klebepunkte oder blaue Buntstifte
- Musterklammer
- Klebestreifen

1. Eis schwimmt

So geht's:

Wir schneiden aus Pappe zwei gleich große Becher aus. In einen Becher kleben wir eng beieinander Wasserteilchen, die durch blaue Punkte symbolisiert werden. Dies soll den Becher mit flüssigem Wasser darstellen. In den anderen Becher kleben wir gefrorene Wasserteilchen, also Wasserteilchen, die ein bisschen Abstand voneinander halten. Mit kleinen Strichen verdeutlichen wir uns, dass alle Teilchen fest aneinander sind und einen größeren Abstand haben, als die Wasserteilchen im flüssigen Zustand. Nun schneiden wir aus Pappe noch einen Balken und ein gleichschenkliges Dreieck aus, die wir mit einer Musterklammer zu einer Balkenwaage verbinden. Mit Klebestreifen kleben wir die Becher auf unsere Waage. Welcher Becher ist schwerer?

Wir zählen mal: Im Becher mit flüssigem Wasser sind mehr Wasserteilchen, also ist dieser Becher schwerer, denn die Wasserteilchen sind hier deutlich dichter beieinander als im Eis. Hier zählen wir weniger Wasserteilchen. Unsere Balkenwaage neigt sich auf der Wasserseite nach unten, das Eis ist oben. Eben genau aus diesem Grund schwimmt Eis auf Wasser.

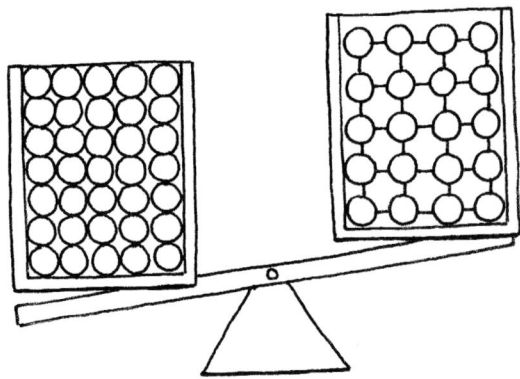

Im Eis haben die Wasserteilchen zueinander einen größeren Abstand als im flüssigen Wasser. Deshalb passen in die gleich großen Becher weniger Wasserteilchen beim Eis als beim Wasser. Deshalb ist der Becher voller Wasser schwerer als der Becher voller Eis.

1. Eis schwimmt

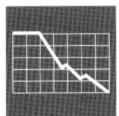
Ergebnisdiagramm:

Dichtediagramm

Material:
- Bildkarten: Wasser, Eiswürfel (siehe Seite 180/181)
- Pinnwand
- Stecker

So geht's:
In die Mitte einer Pinnwand stecken wir die Bildkarte „Wasser". Darüber stecken wir die Bildkarte „Eiswürfel", da dieser oben schwimmt. In den nächsten Stunden werden wir das Dichtediagramm Stück für Stück erweitern: Was weniger dicht ist und schwimmt, stecken wir weiter oben an. Die dichteren Materialien sinken im Wasser zu Boden und erhalten im Dichtediagramm einen Platz weiter unten. Das Diagramm führen wir in der nächsten Stunde weiter fort (siehe Seite 125).

Hausaufgabe:

Material für Schwimmprobe sammeln

In der nächsten Stunde wollen wir herausfinden, welche Materialien schwimmen können und welche sinken. Dazu sollen die Kinder Material sammeln, das sie selbst auf seine Schwimmeigenschaften hin untersuchen wollen.

2. Was schwimmt noch?

Dass es Dinge gibt, die im Wasser schwimmen können und welche, die untergehen, das haben alle Kinder schon einmal beobachtet. Dies aber nun systematisch und mit viel Wasserkontakt selbst zu erforschen, macht den Kindern sehr viel Spaß.

Experiment:

Was schwimmt?

Material:
- mitgebrachte Materialien (siehe Hausaufgabe der letzten Stunde Seite 123)
  z.B.: Steine, Korken, Schrauben, Knete
- auf jeden Fall: Tomaten, Holz, Büroklammern
- Für jede Kleingruppe (2–4 Kinder) eine vorbereitete Kiste mit den gesammelten Materialien
- je eine Wasserschüssel
- Handtücher

So geht's:
Die Kinder haben in der Natur, zu Hause und im Kindergarten Material gesammelt: Baumrinde, Stöckchen, Steine, Korken, Schrauben, Knete, Tomaten, Büroklammer. Immer zwei bis vier Kinder testen nun an einer Schüssel, was schwimmt. Die Kinder geben immer zuerst eine Prognose ab, ob das Material schwimmen wird oder nicht. Manches ist dichter, manches weniger dicht. Der große, schwere Stein geht unter, „weil er so schwer ist". Für die Kinder bleiben zunächst „leicht" und „schwer" die Erklärungen für Schwimmen oder Sinken. Was ist mit einem kleinen, also leichten Stein? Was ist mit Sand? Das sind doch ganz leichte Steinchen. Sie sinken, obwohl sie leicht sind, denn sie sind dichter als Wasser.

Bei diesem Experiment können die Kinder gar kein Ende finden. Umso mehr lohnt sich unsere Experimentierecke, wo die Kinder nach Lust und Laune weiter probieren

Wasserforscher und Luftikusse

2. Was schwimmt noch?

können. Besonders interessiert sind die Kinder an Stoffkombinationen: Wie viele Büroklammern kann ich über einen kleinen Zweig schieben, ohne dass alles sinkt? Wie viele Schrauben muss ich in den Korken bohren, damit alles untergeht?

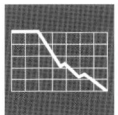 Ergebnisdiagramm:

Dichtediagramm

Material:

- begonnenes Ergebnisdiagramm von Seite 123 (Wasserschüssel und Eiswürfel)
- weitere Bildkarten der getesteten Materialien (siehe Seite 181/182)
- Pinnwand
- Stecker

So geht's:

Die Kinder erhalten oder malen selbst Bildkarten, auf denen die getesteten Materialien abgebildet sind. Diese stecken sie an die in der letzten Stunde begonnene Pinnwand, in deren Mitte eine Wasserschüssel abgebildet ist. Was schwimmt, wird oberhalb der Wasserschüssel angeheftet, was sinkt, unterhalb. Die Bildkarte von der Tomate wird unten angesteckt. Analog könnten auch die Materialien (nach geeigneter Trocknung) selbst in kleinen, durchsichtigen Tütchen angeheftet werden. Das Diagramm führen wir in der nächsten Stunde weiter fort (siehe Seite 133).

 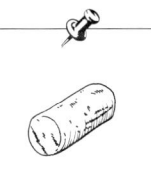 

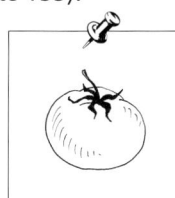 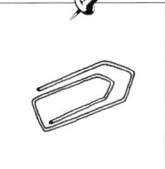  

3. Wasser drückt

Heute experimentieren wir draußen, um mal so richtig mit Wasser zu spritzen. Luft kann drängeln und drücken – in Schallwellen beispielsweise. Heute wollen wir sehen, wie es ist, wenn Wasserteilchen drängeln und drücken. Anschließend werden wir den hydrostatischen Druck samt Auftrieb erforschen. Doch zunächst lassen wir Wasser „fliegen".

Experiment:
Wasser drücken

Material:
- 50 ml Perfusorspritze oder 10 ml Spritze oder leere Shampooflasche mit kleiner Öffnung oder Spritztiere
- Wasser
- warmes Wetter, sodass man das Experiment draußen durchführen kann

So geht's:
Die Kinder erhalten eine Spritze, in die sie Wasser aufziehen können. Eine Tischkante bildet die Startlinie: Die Kinder legen ihre Spritze so auf den Tisch, dass die Öffnung gerade vorne übersteht. Nun versuchen sie, möglichst weit zu spritzen. Schnell ist den Kindern klar: Je fester sie drücken, desto weiter fliegt das Wasser. Bei hohem Wasserdruck schnellen die Wasserteilchen weit aus der Spritze heraus.

Experiment:
Hydrostatischer Druck

Material:
- dünnwandige Plastikflasche (z. B. eine Einweg-Mineralwasserflasche, mindestens 1 Liter)
- Wasser
- dicke Nadel
- Tisch
- Eimer (mindestens 10 Liter)
- Trichter und Gießkanne

3. Wasser drückt

So geht's:
Eine dünnwandige, mit Leitungswasser befüllte Plastikflasche wird
auf den Tisch gestellt.
Die Kinder überlegen, an welcher Stelle die Wasserteilchen wohl am meisten
drängeln und drücken. Die meisten Kinder vermuten, dass unten mehr gedrückt
wird. Was wird also passieren, wenn wir Löcher in die Flasche stechen? Das Wasser aus dem unteren Loch wird vermutlich weiter spritzen als aus dem oberen.

Nun stechen wir mit einer dicken Nadel zwei Löcher in großem Abstand überein-
ander in die Flasche. Die Flasche steht so auf dem Tisch, dass das Wasser in den
Eimer auf dem Boden fließen kann.
Sofort können die Kinder erkennen, dass das Wasser, das aus dem unteren Loch
strömt, weiter spritzt als das aus dem oberen. Nach dem ersten Experiment von
heute („*Wasser drückt*") schließen die Kinder auf einen höheren Wasserdruck
unten in der Flasche. Ihre Vermutung ist bestätigt.

Wieder und wieder füllen die Kinder mit dem Trichter und der Gießkanne Wasser
aus dem Eimer in die Flasche und prüfen erneut, wo das Wasser mehr drückt.

Spiel:
„Unten drückt es doller"

Material:
- Isomatte oder Decke

So geht's:
Wir sitzen im Kreis. In der Mitte liegt eine Isomatte auf dem Boden.
Nacheinander werden die Kinder zu Wasserteilchen, die wie in der Flasche über-
einanderliegen: Unten Jan, dann Christiane, darüber Julius und oben Johannes.
Allen Kindern ist sofort zweifelsfrei klar: Bei Jan drückt es am meisten. Aber alle
Kinder probieren das nacheinander aus und erleben es selbst.

3. Wasser drückt

 Experiment:

Leichter Stein

Material:
- Kalksandstein oder anderer schwerer, aber griffiger Stein
- Wanne mit Leitungswasser

So geht's:
Ein Kalksandstein ist schon ein ordentlicher Brocken, den zu heben eine anstrengende Sache für 4- und 7-Jährige ist. Die Kinder ahnen, dass sich der Stein im Wasser nicht mehr so schwer anfühlen wird. Die Kinder heben den Stein hoch und tauchen ihn anschließend in eine mit Wasser gefüllte Wanne, halten ihn dabei aber immer noch fest. Die Wanne ist so hoch gefüllt, dass der Stein gut untertauchen kann, auch ohne den Boden zu berühren. Den Kindern fällt sofort auf: Der Stein wird im Wasser (scheinbar) leichter.

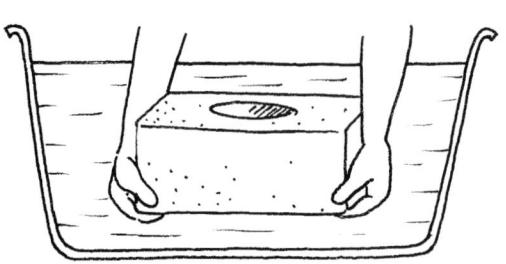

3. Wasser drückt

Erklärung:
Wo ist das Gewicht geblieben?

Um die Kinder bei der Erklärung des scheinbaren Gewichtsverlustes zu unterstützen, schlage ich vor, mal darüber nachzudenken, wie die Kinder am besten schwere Gegenstände tragen können.

Wie gelingt es ihnen, einen Tisch in eine andere Zimmerecke zu tragen? Das ist allen klar: Es müssen mehrere Kinder anfassen. Allein ist das nicht zu schaffen.

Also, wer unterstützt uns beim Steintragen, wenn uns der Stein im Wasser leichter vorkommt? Da niemand sonst seine Hände im Spiel hat, kann es wohl nur das Wasser sein!

Der Stein stützt sich also am Wasser ab, er wird vom Wasser nach oben gedrückt.

Hintergrundwissen:
Archimedisches Prinzip Auftrieb

Um ganz genau zu sein, wird der Stein vom Wasser nicht nur an der Steinunterkante nach oben, sondern auch an der Steinoberkante nach unten gedrückt.

Dort drückt das Wasser oberhalb des Steins auf den Stein.

An der Steinunterkante ist aber der Wasserdruck, wie wir eben herausgefunden haben, höher als an der Steinoberkante.

An der Steinunterkante drückt das Wasser also stärker nach oben als an der Steinoberkante nach unten.

Dieser Unterschied resultiert in einer nach oben gerichteten Kraft, die Auftrieb genannt wird. Da uns der Auftrieb hilft, den Stein hochzuhalten, brauchen wir weniger Kraft zum Halten des Steines. Dadurch erscheint uns der Stein leichter.

3. Wasser drückt

Zum Weiterexperimentieren:

Dusche

Material:

- leere, dünnwandige Wasserflasche aus Plastik
- dicke Nadel
- Leitungswasser
- Band
- Gießkanne
- Trichter
- Eimer

So geht's:

Mit einer dicken Nadel pieken wir ein paar Löcher in die Flasche und hängen diese an einen Baum oder ein Klettergerüst, sodass die Kinder sich darunter duschen können.

Sich an heißen Tagen im Kindergarten ins Planschbecken zu trauen, erfordert oft ganz schön viel Mut, aber eine kleine Dusche zu nehmen, ist auch erfrischend. Die Kinder können die Flasche selbst immer wieder mit Hilfe des Trichters und der Gieskanne füllen.

4. Zauberwasser

Schwimmen oder Sinken? Das ist nicht nur von der Dichte des Gegenstandes abhängig, der auf seine Schwimmeigenschaften getestet werden soll. Vielmehr ist auch die Dichte des Wassers mit ausschlaggebend. Die heutige Experimentierstunde soll diesen Gedanken vermitteln.

Experiment:
Schwimmen Tomaten?

Material:
- Marmeladenglas mit Leitungswasser
- Tomate

So geht's:
Die Kinder erinnern sich an das Experiment „Was schwimmt?" der vorletzten Stunde (siehe Seite 124): Tomaten gehen unter. Wir sehen uns das noch einmal in einer mit Wasser gefüllten Schüssel an. Die Tomate sinkt nach unten, denn sie ist dichter als Wasser.

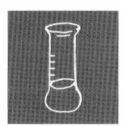

Experiment:
Zauberwasser

Material:
- zwei Marmeladengläser, eins mit Leitungswasser gefüllt, eins mit Salzwasser
- zwei Tomaten

So geht's:
Ich habe ein Glas mit Zauberwasser mitgebracht. Dieses stelle ich neben das Glas mit Leitungswasser und der Tomate, die untergegangen am Boden liegt (siehe vorheriges Experiment). Die Kinder sehen das Zauberwasser im neuen Glas genau an: Unauffällig. Sie riechen daran: Nichts. Dann legen wir die Tomate hinein. Die Tomate schwimmt darin!

4. Zauberwasser

Die erste Vermutung von Lea Mara ist: „Vielleicht liegt es an der Tomate?" Also tauschen wir die beiden Tomaten. Der Befund bleibt gleich. Im Zauberwasser schwimmt die Tomate, im normalen Leitungswasser geht sie unter. Die Kinder überlegen weiter, wie das geht.

Janis ist sich sicher: „Du hast das Wasser dichter gemacht." Aber wie?
Die Kinder haben keine Idee. Schließlich dürfen sie kurz den Finger in das Wasser tauchen und probieren.

Vorher erklären wir, dass man beim Experimentieren nur ausnahmsweise und nach ausdrücklicher Erlaubnis probieren darf, da manchmal mit giftigen Stoffen experimentiert wird. Das vorliegende Zauberwasser ist in der Tat ein tödliches Gift, sollte ein Kind ein Glas leer trinken! Die Kinder stecken kurz ihren Finger in das Glas und lecken ihn ab: Iiii! Salzig.

Erklärung:
Salzwasser ist dichter

Salz versteckt sich in Wasser und macht es dichter. Zwischen den Wasserteilchen sind noch Lücken, auch wenn die Wasserteilchen ganz dicht beieinanderstehen. Wasserteilchen passen in diese Lücken nicht mehr hinein, aber kleine Salzteilchen. Somit wird das Wasser dichter, wenn Salz hineinkommt.

4. Zauberwasser

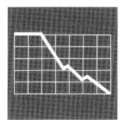 Ergebnisdiagramm:

Dichtediagramm

Material:
- begonnenes Dichtediagramm von Seite 125
- Bildkarten „Salzwasser" und Fragezeichen (2mal) (siehe Seite 183)
- Pinnwand
- Stecker

So geht's:
Nun müssen wir unser Dichtediagramm genau sortieren: Oben auf

schwimmen Holz, Korken oder Eis. Dann folgt Leitungswasser. Darin geht eine Tomate unter. Wir stecken sie unter das Leitungswasser. Die Tomate schwimmt aber in Salzwasser. Dieses stecken wir also unter der Tomate an. Ganz unten liegen Sand, Steine und Büroklammern. In diesen Materialien sind die Teilchen am dichtesten. Wir haben bisher noch nicht geprüft, ob Holz, Korken und Eis tatsächlich in Salzwasser schwimmen. Genauso wenig wissen wir, ob die Büroklammern, Sand und Steine in Salzwasser untergehen. Deshalb stecken wir neben diese Materialien ein Fragezeichen an und prüfen dies in der nächsten Stunde (siehe *Salzwasser-Schwimmtest*, Seite 141).

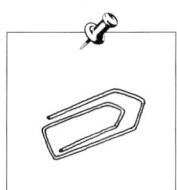  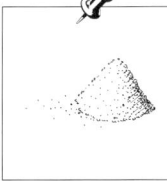 

4. Zauberwasser

 Lied:

Die schlauen Vorschulkinder

Wir singen den Refrain vom Vorschulkinderlied (siehe Seite 171) und lernen dazu die 5. Strophe.

Ref: Ich bin ein Vor-schul-kind und ler-ne ganz ge-schwind.
Ich weiß schon vie-les ganz ge-nau. Ich bin schon ziem-lich schlau.

 Spiel:

„Salz in Wasser"

Material:
- Seilchen oder Reifen
- 10 weiße Tischtennisbälle

So geht's:
Die Kinder werden wieder zu Wasserteilchen, die eng beieinander im Seilchen-kreis stehen (siehe Spiel „Wasser und Eis, 2. Teil", Seite 121).
Sind denn da noch Lücken? Ich möchte auch noch gerne mit in den Kreis! Nein, für Wasserteilchen ist hier wirklich kein Platz mehr. Nun habe ich 10 weiße Tisch-tennisbälle mitgebracht. Diese stellen das Salz dar.
Klar, die passen noch in die Lücken zwischen die Kinder: Unter Achseln, zwischen Bäuche oder Beine. Schnell sind alle Salzteilchen zwischen den Kindern ver-schwunden, und trotzdem passen noch alle in den Kreis. Alle Kinder im Kreis sind mit den Bällen zusammen noch schwerer als vorher. Im Salzwasser ist es für die Wasserteilchenkinder noch etwas enger geworden. Das Salzwasser ist dichter als Leitungswasser.

4. Zauberwasser

Experiment:

Salzwasser sieben

Material:
- Salzwasser
- Filtertüte
- Filter
- Glas
- warmer Ort oder Heizung

So geht's:

Wir sehen uns das Salzwasser noch einmal genau an. Die Kinder haben keine Zweifel: Auch wenn sie das Salz im Wasser nicht mehr sehen, es muss noch da sein, denn sie können es schmecken.

Um es wieder zu gewinnen, schlägt Yannick eine Filtertüte vor, durch die wir das Wasser schicken. Das Salz, vermutet er, bleibt dann darin hängen und das Wasser schmeckt nicht mehr salzig. Wir gießen Salzwasser durch eine Filtertüte und fangen das Wasser in einem Glas auf. Doch auch nach dem Filtern bleibt das Wasser salzig. Ein bisschen enttäuscht schmeißen wir die benutzte Filtertüte aber nicht weg, sondern legen sie auf die Heizung oder ein anderes warmes Plätzchen.

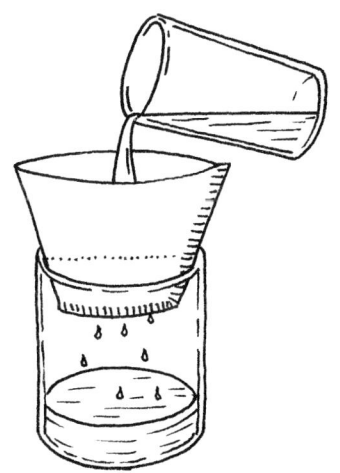

In der nächsten Stunde entdecken wir in ihr einen Salzrand. Mit ein bisschen Geduld hat die Kinderidee zur Salzrückgewinnung doch funktioniert.

4. Zauberwasser

Spiel:

„Versteckte Salzteilchen finden"

Material:
- blaue Decke

So geht's:
Noch immer ist unser Salz im Wasser versteckt. Drei Kindern flüstere ich zu, dass ich sie nun in Salzteilchen verwandele.
Die anderen Kinder müssen kurz raus vor die Tür gehen.
Die Salzteilchen-Kinder verstecken sich unter einer blauen Decke in der Mitte des leeren Stuhlkreises. Die übrigen Kinder dürfen wieder reinkommen. Jetzt müssen sie die Salzteilchen-Kinder suchen. Sie wissen schnell, wie wir die Kinder wiederfinden: „Wir müssen nur die Decke wegziehen." Nacheinander probieren alle Kinder aus, wie sie erst unter der blauen Wasserdecke versteckt waren und wiedergefunden wurden, als „das Wasser" verschwand.

Experiment:

Langsame Salzrückgewinnung

Material:
- Marmeladenglasdeckel
- Salzwasser
- warme Heizung oder sonniges Plätzchen

So geht's:
Wie kriegen wir nun das Salz zurück, das sich im Wasser versteckt hat? Die Kinder wissen es nach dem vorangegangenen Spiel: Wir müssen das Wasser verschwinden lassen, damit wir die Salzteilchen wieder entdecken können. Aber wie? Die Kinder wissen, dass das Wasser mit der Luft mitgehen kann, wenn es verdunstet. Wir geben etwas Salzwasser in den Deckel des Marmeladenglases und stellen es auf die Heizung oder an ein sonniges Plätzchen.

4. Zauberwasser

Was wird passieren? Das Wasser wird langsam mit der Luft mitgehen, es wird verdunsten. Wir sehen uns den Deckel zu Beginn der nächsten Stunde an: Er ist trocken, Salzkristalle haben sich gebildet, z.T. größer, als dass sie durch die Löcher eines Salzstreuers passen würden.

Hausaufgabe:
Salz wiederfinden

Alle Kinder bekommen drei Esslöffel Salzwasser in einem Marmeladenglas mit nach Hause. Sie sollen es offen im Marmeladenglasdeckel auf eine Heizung stellen und beobachten, was geschehen wird.
Zur nächsten Stunde sollen sie die Deckel mit den Salzkristallen wieder mitbringen.

Lied:
Die schlauen Vorschulkinder

Wir singen noch einmal das Vorschulkinderlied (siehe Seite 171), nun aber mit allen bekannten Strophen.

5. Salz im Wasser

Salz aus der Salzwasserlösung zurückzugewinnen, das hatten wir in der letzten Stunde versucht. Wir betrachten die getrocknete Filtertüte und den Marmeladenglasdeckel. Beide zeigen uns die Salzrückstände.

Experiment:

Schnelle Salzrückgewinnung

Material:
- alte Teelöffel
- Teelichter
- Streichhölzer
- Salzwasserlösung

So geht's:
Unsere Experimente zur Salzrückgewinnung waren erfolgreich, Dank unserer Geduld, denn Wasser verdunstet nur langsam. Wie können wir die Verdunstung beschleunigen? Die Kinder erinnern sich an Wasserdampf, der aus dem heißen Wasserkocher schnell aufsteigt. „Wir müssen unser Salzwasser heiß machen!" Nacheinander nehmen alle Kinder wenig Salzwasser auf einen Teelöffel und halten diesen über eine Kerzenflamme. Das Wasser erwärmt sich und beginnt sogar zu kochen.
Vorsicht, Verbrühungsgefahr!

Hier ist kochendes Wasser auf dem Löffel! Bläschen und Wasserdampf sind zu sehen. Das Wasser „geht mit der Luft mit".
Ein weißer Salzrückstand bleibt zurück. Die Kinder sind vom Salzrand fasziniert, finden aber die rußige Unterseite des Löffels mindestens genauso spannend.

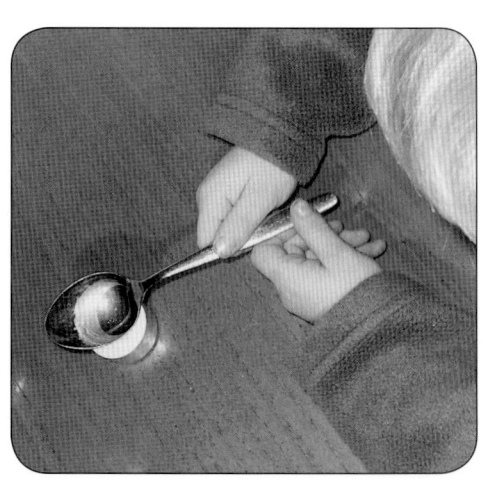

5. Salz im Wasser

Experiment:

Wasser dichter machen

Material:
- Schüssel
- Wasser
- Tomate
- Salz
- Löffel
- Handtücher

So geht's:

Wir füllen nun eine Schüssel mit Leitungswasser und machen den Tomaten-schwimmversuch: Sie geht unter.

Nun stellen wir selber Zauberwasser her: Wir streuen Salz esslöffelweise ins Wasser. Dieses bleibt am Boden liegen. Ein bisschen breitet es sich wie eine kleine Wolke im Wasser aus.

Wir werden ungeduldig und rühren um.

Die Tomate bleibt noch am Boden. Wir füllen noch dreimal Salz nach, bis die Tomate schwebt. Nach dem vierten Löffel Salz schwimmt sie oben.

Es ist also von der Salzmenge abhängig, ob die Tomate schwimmen kann.

Im Alltag:

„Ich gehe im Meerwasser unter"

Franzi berichtet, schon mal im Salzwasser im Meer untergegangen zu sein. Da ist wohl nicht genug Salz drin gelöst, um dichter als Menschen zu sein. Ich erzähle vom starken Salzgehalt des Toten Meeres, in dem niemand untergehen kann, weil soviel Salz darin ist.

Die Kinder sind sich sicher, dass man da im Liegen dennoch keine Zeitung lesen kann: „Die wird doch nass!", meint Sven. Recht haben sie. Im Toten Meer können auch keine Tiere leben, weil es viel zu salzig ist. Salzwasser ist giftig.

5. Salz im Wasser

Zum Weiterexperimentieren:

Der Meerwasser-Schwimmtest

Material:
- Meerwasser
- Tomaten
- Glasschüssel

So geht's:
Wir überlegen, wer wohl als Nächstes an ein Meer in den Urlaub fährt: Nach einigen Wochen bringt Maren Meerwasser von der Ostsee mit. Tatsächlich: In unserem Ostseewasser schweben Tomaten.

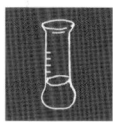

Experiment:

Vom Salz gesättigt

Material:
- Leitungswasser
- Schüssel
- Salz
- Löffel

So geht's:
Was wird passieren, wenn wir noch mehr Salz in unsere Schüssel hineingeben? „Es löst sich weiter auf!" Ja, so haben wir es bisher erlebt.
Aber was wird geschehen, wenn ich noch drei weitere Pakete Salz hineingieße? Dann liegen Salzkörner im Wasser rum, vermuten die Kinder.
Wir geben also fünf weitere Esslöffel Salz in die Schüssel und rühren ordentlich um. Bald löst es sich trotz Rühren nicht mehr auf, am Boden bleiben Salzkörner zurück. Das Wasser ist vom Salz satt, es ist „gesättigt". Nichts passt mehr hinein! Das Salz spielt im Wasser verstecken, nun sind alle Plätze belegt, sodass Salz „rausguckt", übrigbleibt, sich nicht mehr verstecken kann.

5. Salz im Wasser

Spiel:

„Salz und Wasser"

Material:
- zehn weiße Tischtennisbälle

So geht's:
Einige Kinder werden zu Wasserteilchen, andere zu Salzteilchen, in dem sie einen weißen Tischtennisball erhalten. Hinter jedem Wasserteilchen kann sich ein Salzteilchen verstecken. Nun muss sich jedes Salzteilchen ein Wasserteilchen suchen. Dann betrachten wir alle die Lösung: Sind noch Salzteilchen übrig? Dann ist die Lösung satt, gesättigt und Salz ist noch zu sehen.
Ist alles Salz versteckt? Dann ist die Lösung ungesättigt (oder gerade gesättigt). Die Salzteilchen geben ihre Bälle zurück. Nun wird eine andere Anzahl von Tischtennisbällen an die Kinder verteilt und wir beurteilen erneut die Lösung: gesättigt oder ungesättigt?

Zum Weiterexperimentieren:

Salzwasser-Schwimmtest

Material:
- Schüssel
- Salzwasser
- Korken
- Steine

- Holzstücke
- Büroklammern
- Schrauben ...

So geht's:
Ob auch die Büroklammer im Salzwasser schwimmen kann? Wir erinnern uns, dass sie im Leitungswasser untergegangen ist. Die Kinder sollen in der Experimentierecke selbst herausfinden, wie sich die Dinge im Salzwasser verhalten. Dazu gießen wir unser Salzwasser in eine zweite Schüssel um und stellen diese in die Experimentierecke. Nun können die Kinder nacheinander Gegenstände testen: Nur die Tomate verhält sich in Leitungswasser anders als in Salzwasser.

5. Salz im Wasser

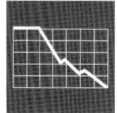

Ergebnisdiagramm:

Dichtediagramm

Material:

- begonnenes Dichtedia-
  gramm von Seite 133
- von jedem Gegenstand,
  der im Salzwasser auf
  „Schwimmtauglichkeit"
  geprüft wird, malen die
  Kinder eine Bildkarte
- Stecker

So geht's:

Wir überprüfen unser Dichtediagramm entsprechend des vorherigen Experiments und
nehmen die Bildkarten mit dem Fragezeichen
weg.

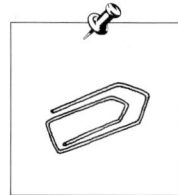

6. Wie dicht ist warmes Wasser?

In Abhängigkeit von der Temperatur kann ein und derselbe Stoff unterschiedlich dicht sein. Das gilt es heute zu erkennen.

Experiment:
Wie dicht ist warmes Wasser?

Material:
- Glasschüssel
- kaltes Leitungswasser
- heißes Wasser z.B. aus einem Wasserkocher
- rote Lebensmittelfarbe
- kleines Glasfläschchen

So geht's:
Was schwimmt oben? Kaltes oder warmes Wasser?
Wir haben keine rechte Antwort darauf und machen deshalb ein Experiment:
Wir füllen in ein kleines Fläschchen erst 2 Tropfen rote Lebensmittelfarbe (intuitiv färben wir warmes Wasser am liebsten rot), dann heißes Wasser.
Vorsicht, Verbrühungsgefahr!

Vorsichtig schütteln wir, so dass sich die Lebensmittelfarbe ganz auflöst. Das Fläschchen stellen wir nun so in eine Glasschüssel mit kaltem Wasser, dass die kleine Flasche ganz untertaucht.
Das warme Wasser mit der roten Farbe steigt nach oben: Warmes Wasser ist nicht so dicht wie kaltes Wasser.

6. Wie dicht ist warmes Wasser?

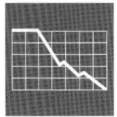 Ergebnisdiagramm:

Dichtediagramm

Material:
- begonnenes Dichtediagramm von Seite 142
- Bildkarten: kaltes Wasser und warmes Wasser (siehe Seite 182)
- Stecker

So geht's:
Wir ersetzen die Bildkarte „Wasserschüssel" durch die Karte „kaltes Wasser"
und ergänzen unser Dichtediagramm um die Bildkarte „warmes Wasser".
Warmes Wasser ist weniger dicht als kaltes Wasser und wird deshalb weiter
oben angesteckt.

 Spiel:

„Kaltes und warmes Wasser"

Material:
- Wird nicht gebraucht.

So geht's:
Zur Erklärung werden alle Kinder zu Wasserteilchen. Nun spielen wir nach den
Regeln des Spiels „kalte, warme, heiße Luft" (siehe Seite 97).
Bei „kalt" stehen alle Kinder nah beieinander und bewegen sich wenig.
Bei „warm" laufen sie langsam umher.
Bei „heiß" flitzen alle durch den Raum und brauchen besonders viel Platz.
Den Kindern fällt sofort auf: Das Spiel kennen sie schon.
Sie erfahren hier, dass sich Luft und Wasser beim Erwärmen gleich verhalten:
Die Teilchen bewegen sich schneller und brauchen dazu mehr Platz.
Da heißes Wasser also weniger dicht ist, schwimmt es oben auf dem kalten
Wasser.

6. Wie dicht ist warmes Wasser?

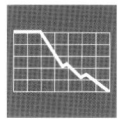

Ergebnisdiagramm:

Dichtediagramm

Material:

- begonnenes Dichtediagramm von Seite 144
- Bildkarten: Warme Luft, kalte Luft, Fragezeichen (siehe Seite 183)
- Stecker

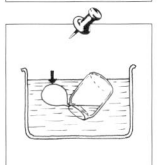

So geht's:
Die Kinder überlegen sich, dass warme Luft weniger dicht sein muss als kalte. Warme Luft müsste dann vermutlich oben im Raum sein und kalte unten. Ob das wohl stimmt? Wir stecken die Bildkarten für warme und kalte Luft ans Dichtediagramm und hängen ein Fragezeichen dahinter. Mit Experimenten wollen wir das in der nächsten Stunde prüfen.

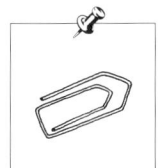  

7. Luft dehnt sich aus

Wir erinnern uns noch einmal an das Flaschen-geist-Experiment (siehe Seite 94) und wollen heute die selbstentwickelte Hypothese überprü-fen: Ist warme Luft weniger dicht als kalte? Aber schwierig wird das schon, denn Luft kann man nicht sehen und schon gar nicht anfärben.

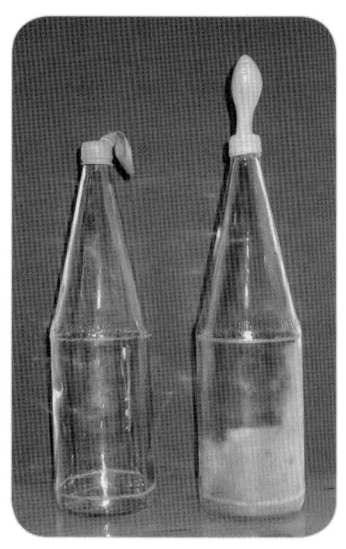

Experiment:

Luft schwimmt

Material:
- Glas
- Wasser
- Luft ist ja schon da

So geht's:
Ich stelle ein Glas mit Wasser auf den Tisch und bitte die Kinder, genau zu prüfen, was denn da auf dem Wasser schwimmt.

Wie aus der Pistole geschossen, wissen die Kinder: Das ist Luft. Noch einmal las-sen sie sich mit so einer Frage nicht „hereinlegen" wie in der ersten Experimen-tierstunde, als sie noch blutige Anfänger waren.

Somit ist der erste Teil unserer Hypothese schon belegt: Das Luftkärtchen gehört im Dichtediagramm ganz nach oben.

7. Luft dehnt sich aus

Experiment:

Warme Luft

Material:
- Kerze
- Kinderfeuerzeug

So geht's:
Die Kinder dürfen eine Kerze anzünden, nachdem sie mich ausdrücklich um Erlaubnis gefragt haben.
Damit wollen wir die Luft erwärmen. Die Flamme flackert und Rauch steigt nach oben. Dies ist vielleicht schon ein erstes Anzeichen dafür, dass die warme Luft nach oben steigt.
Aber die Luft selbst können wir nicht sehen. Wie können wir herausfinden, ob warme Luft wirklich nach oben steigt?
Die Kinder halten in ausreichendem Abstand (!) ihre Hände über die Flamme. Sie versuchen, nicht nur die Wärme zu fühlen, sondern prüfen auch, ob sie einen leichten Wind nach oben spüren können, der durch die aufsteigende warme Luft entsteht. Die Kinder können den Wind fühlen, der wohlig warm nach oben steigt.

Bastelaktion:

Schlange

Material:
- Schlangenschablone (siehe Seite 174), für jedes Kind auf einen Bogen 160 g/qm DIN-A4-Papier kopiert oder einmalig als Vorlage zum Abmalen
- Scheren
- Wolle
- Nadel
- Buntstifte

7. Luft dehnt sich aus

So geht's:

1. Jedes Kind überträgt die Schlangenschablone auf sein dickes Papier oder hat schon eine Vorlage bekommen.
2. Alle bemalen die Schlange individuell und schneiden sie an der Linie entlang aus.
3. Am inneren Ende der Schlange wird mit der Nadel ein Loch gestochen, durch das anschließend ein Wollfaden gezogen wird.

 Experiment:

Schlangentanz

Material:

- fertiggestellte Schlange (siehe oben)
- Haken zum Aufhängen an der Decke oder Möglichkeit, mit Klebestreifen die Schlange an der Decke zu befestigen
- Teelicht
- Kinderfeuerzeug

So geht's:

Wir nehmen eine fertiggebastelte Schlange und hängen sie auf.
Sie taumelt ein bisschen. Aber wenn wir ganz still sitzen, dann kommt allmählich auch die Schlange zur Ruhe. Wir mussten sogar unsere Heizungsluftschlitze mit Kissen abdecken, denn schon ein kleiner Windzug bringt die Schlange in Bewegung. Die Kinder dürfen, nachdem sie mich ausdrücklich gefragt haben, ein Teelicht anzünden. Dieses stellen wir in genügendem Abstand, so-dass die Schlange nicht anfängt zu brennen, unter die Schlange.
Nun dreht sich die Schlange, denn die warme Luft steigt auf und erzeugt dabei einen war-men Wind. Der drückt gegen die Schlange und sie dreht sich. Warme Luft steigt auf, weil sie weniger dicht ist als kalte.

7. Luft dehnt sich aus

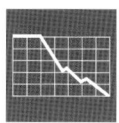

Ergebnisdiagramm:

Dichtediagramm

Material:
- begonnenes Dichtediagramm von Seite 145, u.a. mit „warme Luft",
  „kalte Luft", „Fragezeichen"

Unsere Vermutung ist bestätigt: Warme Luft ist weniger dicht als kalte Luft und
so hängen wir das Kärtchen für „warme Luft" über das der „kalten Luft".
Wir nehmen das „Fragezeichen" von unserem Dichtediagramm weg.

Experiment:

Weihnachtspyramide

Material:
- Weihnachtspyramide
- Kerzen
- Kinderfeuerzeug

So geht's:
Wir stellen eine Weihnachtspyramide
in die Mitte.
Die Kinder stecken die Kerzen an,
nachdem sie mich um Erlaubnis
gefragt haben.
Der warme Kerzenflammenwind
steigt auf und treibt das Windrad an.
Die Pyramide dreht sich.

7. Luft dehnt sich aus

Im Alltag:

Heiße Luft

Über der Heizung aufgehängte Mobiles bewegen sich.
Heißluftballons fliegen wirklich: Wenn wir nur genügend warme Luft in einen
Ballon packen könnten, so stiege dieser nach oben und nähme uns mit in die Luft,
wir könnten fliegen! So funktioniert der Heißluftballon.

Hintergrundwissen:

Heizungsbau

Die undichteste Stelle im
Raum ist der Fensterbereich.
Hier kommt im Winter die
kalte Luft herein. Diese ist
dichter als die warme Zim-
merluft. Deshalb fällt sie
auf den Boden in der Nähe
des Fensters. Gerade dort ist
aber der Heizkörper, um die
kalte Luft direkt zu erwärmen, damit es schön warm
bleibt.

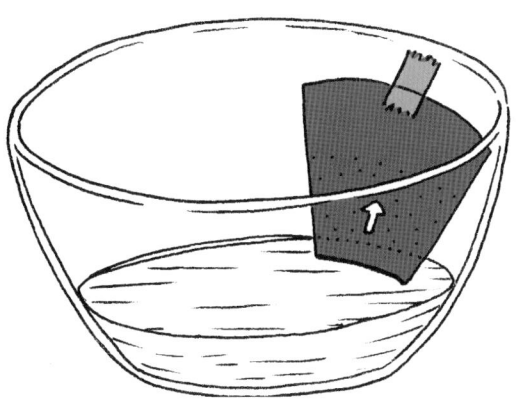

Anziehen und Abstoßen

Verschiedene chemische Teilchen mögen sich unterschiedlich gern. Manche ziehen sich an, manche stoßen sich ab. Diese Eigenschaft der Stoffe bedingt verschiedene Phänomene, die wir in diesem Abschnitt genauer untersuchen wollen.

Experimentierstunden:
1. Augen auf der Suppe (S.152)
2. Wasser klettert (S. 159)
3. Wasser klettert weiter (S. 165)

1. Augen auf der Suppe

Wenn wir erforschen, wie Öl und Wasser sich zueinander verhalten, geht es nicht nur um Schwimmen oder Sinken. Vielmehr interessiert uns auch, warum sich die beiden so fremd bleiben, statt sich zu mischen.

 Experiment:

Öl schwimmt

Material:
- für jedes Kind ein Marmeladenglas
- Leitungswasser
- Sonnenblumenöl

So geht's:
Heute hat jedes Kind ein Marmeladenglas halb mit Wasser gefüllt.
Nun überlegen wir, was wohl passieren wird, wenn wir eine etwa fingerbreite Schicht (Sonnenblumen-) Öl hinzugießen.
Die Kinder vermuten, dass sich die beiden Flüssigkeiten vermischen werden.
Umso überraschter sind die Kinder, als sie sehen, dass das Öl auf dem Wasser schwimmt. Oben befindet sich das Öl, unten das Wasser. Beide Flüssigkeiten bilden zueinander eine klare Grenze. Jedes Kind darf sein Glas mit dem „Wasser-Öl-Gemisch" für die Hausaufgabe mit nach Hause nehmen (siehe Seite 158).

 Experiment:

Grenzschicht

Material:
- Marmeladengläser mit Deckel für alle Kinder
- Leitungswasser
- Sonnenblumenöl
- Löffel

1. Augen auf der Suppe

So geht's:
Warum mischen sich Öl und Wasser nicht? Wie können wir den-
noch erreichen, dass sich die beiden Flüssigkeiten mischen?
Wir müssen rühren!
Erst mischen sich die Phasen, dann trennen sie sich wieder.
Wir versuchen es mit Schütteln: Das Gleiche. Für kurze Zeit bilden sich kleine
Öltröpfchen zwischen kleinen Wassertröpfchen, doch dann werden viele kleine
Öltropfen zu einem großen, der an die Oberfläche steigt.
Die Kinder können sich das leicht erklären: „Öl und Wasser vertragen sich nicht.
Sie können keine Freunde sein."
Genau so verhält es sich wirklich: Sie sind zu unterschiedlich, denn Wasserteil-
chen sind recht kugelig, während Ölteilchen langgestreckte Moleküle sind.

 Spiel:
„Öl und Wasser"

Material:
- Wird nicht gebraucht.

So geht's:
Erst werden alle Kinder zu langgestreckten Ölteilchen, die ihre Arme in die Luft
strecken.
Sie können sich weit oben an den Händen halten, einen Kreis bilden und tanzen.
Dann werden alle zu dicken, runden Wasserteilchen, die ihre Arme seitlich wie
Halbkreise halten.
Auch die Wasserteilchen können sich einhaken und tanzen. Aber immer tanzen
nur die Ölteilchen mit Ölteilchen und die Wasserteilchen mit Wasserteilchen.
Denn die Wasserteilchen können sich bei den Ölteilchen nicht einhaken und die
Ölteilchen können die Wasserteilchen nicht an den Händen halten.

Nun können wir spielen: Alle Mädchen sind Öl-, alle Jungen sind Wasserteilchen.
Die buntgemischte Kinderschar teilt sich in zwei Gruppen, die jeweils nur für sich
tanzen. Dann wird neu geschüttelt: Nun sind alle 5-jährigen Kinder Ölteilchen,
alle anderen Wasserteilchen. Dann sind alle mit blauem Pulli Öl und alle anderen

1. Augen auf der Suppe

Kinder Wasser. Immer bilden sich je zwei neue Kreise. Dann wieder wird geschüttelt, alles ist gemischt, aber rasch findet wieder jedes Teilchen seine eigene Gruppe.

 Hintergrundwissen:

Kohäsion und Adhäsion

Egal, um was für Teilchen oder Stoffe es sich handelt, immer wirken anziehende oder abstoßende Kräfte zwischen den Teilchen. Die Teilchen „mögen sich" oder sie „mögen sich nicht".
Die Kräfte zwischen gleichen Teilen (z.B. zwei Wasserteilchen in einem Wassertropfen) heißen Kohäsion (lat.: zusammenziehen).
Die Kräfte zwischen verschiedenen Teilchen heißen Adhäsion (lat.: aneinanderhaften).
Im vorliegenden Fall geht es darum, wie sehr sich Wasserteilchen untereinander mögen (Kohäsion), wie sehr sich Ölteilchen untereinander mögen (Kohäsion) und wie sehr Ölteilchen Wasserteilchen mögen (Adhäsion).
Wasserteilchen sind rund und kugelig. Sie mögen sich sehr (große Kohäsion).
Ölteilchen sind langgestreckt. Sie mögen sich untereinander auch sehr.
Öl und Wasserteilchen aber mögen sich nicht, da sie zu unterschiedlich sind (geringe Adhäsion). Deshalb versuchen die Stoffe, nur eine ganz geringe Fläche zu haben, an der sie sich berühren. Deshalb trennen sich die Flüssigkeiten wieder voneinander.

1. Augen auf der Suppe

Experiment:

Spülen

Material:
- für jedes Kind ein Marmeladenglas
- Leitungswasser
- Sonnenblumenöl in einem Glas
- Teelöffel, Esslöffel
- Spülmittel
- kleines Glas für Spüli-Wasser-Gemisch
- weiße Unterlagen, z.B. Papier

So geht's:

Wasser und Öl mischen sich nicht. Wie kriegen wir beim Spülen denn dann das Öl aus der dreckigen Pfanne? Was hilft beim Spülen? „Dazu braucht man Spülmittel!"

Also geben wir in ein leeres Marmeladenglas zunächst eine zweifingerbreite Schicht Wasser hinein. Unter dem Glas liegt ein weißes Papier.

Dann fügen wir mit einem Teelöffel zwei oder drei Tropfen Öl dazu.

Die Kinder beobachten Ölkreise auf den Wasser, die sich zu immer größeren Kreisen vereinen, bis schließlich nur noch ein großer Ölkreis auf dem Wasser schwimmt.

Am besten kann man dies auf dem weißen Untergrund erkennen, wenn man von oben in das Glas hineinsieht.

Nun wollen wir ganz wenig Spülmittel hinzugeben und mischen deshalb drei Tropfen Spülmittel mit etwa fünf Esslöffel Wasser in einem weiteren leeren Glas.

Die Kinder geben einzelne Tropfen von der Spülmittellösung mit einem Teelöffel in ihr Glas. Zunächst verändert der Ölkreis seine Form. Nach und nach entstehen nach der Zugabe weiterer Tropfen Spülmittellösung mehrere, kleinere Ölkreise auf dem Wasser.

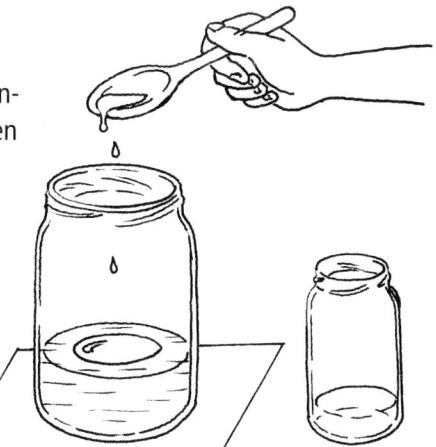

1. Augen auf der Suppe

Gelegentlich schwenken wir unsere Gläser nach der Zugabe von Spülmittel, damit sich alles gut vermischt.

Je mehr Spülmittel wir zugeben, desto kleiner werden die Ölkreise auf dem Wasser. Schließlich werden die Ölkreise so klein, dass wir sie mit den Augen nicht mehr sehen können, denn das Öl scheint sich ganz mit dem Wasser vermischt zu haben – dank Spülmittel.

 Erklärung:

Wenn zwei sich streiten, soll einer vermitteln

Öl und Wasser wollen sich nicht mischen, denn sie sind zu unterschiedlich. Wie könnte ein Vermittler aussehen? Dieser soll eine Verbindung schaffen zwischen Öl- und Wasserteilchen.

Wir stellen ein rundes Wasserteilchenkind und ein langgestrecktes Ölteilchenkind in die Mitte. Ein drittes Kind soll nun zwischen beiden vermitteln, also mit beiden tanzen können. Wie kann das gehen? Das ist den Kindern schnell klar: Auf der Seite des Wassers muss es kugelig sein, damit es einhaken kann, auf der Seite des Öls muss es langgestreckt sein, damit es oben anfassen kann.

Und genau so sieht eben Spülmittel als: An einer Seite kugelig, an der anderen langgestreckt. Deshalb ist es ein guter Vermittler.

 Spiel:

„Öl, Wasser und Spülmittel"

Material:
- Wird nicht gebraucht.

So geht's:
Wir spielen wieder nach den Regeln des Spiels „Öl und Wasser" (siehe Seite 153). Nun kommen zu Öl- und Wasserteilchenkindern noch zwei Spülmittelkinder hinzu: Diese sind an der einen Seite langgestreckt wie Ölteilchen, an der anderen

1. Augen auf der Suppe

Seite rund und kugelig wie Wasser. Nun können wir spielen:
Wieder trennen sich die Öl- und Wasserteilchen, aber an der Grenze vermitteln die zwei Spülmittelkinder. Mit ihrer Hilfe bildet sich doch ein großer Kreis. Wenn Spülmittel hilft, können sich Öl und Wasser mischen.

 Experiment:

Hände waschen

Material:
- Sonnenblumenöl
- Schälchen
- Seife
- Waschbecken

So geht's:
Ich gehe mit den Kindern in den Waschraum. Dort tauchen sie eine Hand in ein Schälchen mit Sonnenblumenöl und verreiben dieses an beiden Händen.
Das fühlt sich ganz schön schmierig an.
Die Kinder wollen nun die Hände waschen. So richtig gelingt das mit Wasser allein aber nicht. Klar wissen die Kinder, dass ihnen Seife hilft. Sie waschen die Hände nun gründlich mit Seife und werden das Öl wieder los. Auch Seife hat einen kugeligen und einen langgestreckten Teil und kann gut zwischen Wasser und Öl vermitteln.

1. Augen auf der Suppe

 Hausaufgabe:
Öl-Wasser-Grenze

Die Kinder nehmen ihre „Wasser-Öl-Gläser" (siehe Seite 152) mit nach Hause. So können sie immer mal wieder daran schütteln und sich vergewissern, dass das Öl sich jedes Mal vom Wasser abgrenzt.

 Zum Weiterexperimentieren:
Seifenblasen (siehe auch Seite 44)

Material:
* Seifenblasen

So geht's:
Wasser mischt sich nicht gut mit Luft. Auch hier wir ein Vermittler gebraucht: Spülmittel. In Seifenblasen sind Wasser und Spülmittel gemischt. Das Spülmittel bildet eine dünne Schicht zwischen Wasser und Luft und vermittelt genauso zwischen diesen beiden wie zuvor zwischen Wasser und Öl. Wir freuen uns darüber, denn die bunten Seifenblasen gefallen uns gut, wenn sie so sanft dahinschweben. Die Kinder erhalten Seifenblasen, in die sie ihre Lungenluft hineinpusten.

2. Wasser klettert

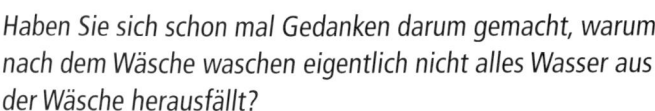

Haben Sie sich schon mal Gedanken darum gemacht, warum nach dem Wäsche waschen eigentlich nicht alles Wasser aus der Wäsche herausfällt?
Markus vermutet, dass sich allwöchentlich eine Riesenpfütze unter dem häuslichen Wäscheständer bildet, wenn das Waschwasser allmählich, aber vollständig aus der aufgehängten Wäsche heraustropft.
Dieser Vorstellung bereiten die heutigen Experimente ein jähes Ende.

Experiment:
Wasser fällt runter

Material:
- Glasschüssel mit Leitungswasser

So geht's:
Die Kinder versuchen, Wasser in ihren Händen zu halten. Immer wieder rutscht es zwischen den kleinen Ritzen der Finger hindurch. Aber ein bisschen Wasser bleibt am Ende an den Händen kleben: Wasser ist auch „neugierig". Es hält sich an den Händen fest. Mit diesen kindgerechten Bildern versuche ich zu verdeutlichen, dass es nicht nur Kräfte zwischen den Wasserteilchen gibt, die die Wasserteilchen beieinanderhalten (Kohäsion), sondern auch Kräfte zwischen Wasser- und Hautteilchen, die Wasser an der Haut „kleben" lassen (Adhäsion).

Experiment:
Waschlappenlöcher

Material:
- Waschlappen
- Becher
- Glasschüssel
- Leitungswasser

2. Wasser klettert

So geht's:

Wenn wir Wasser auf einen Waschlappen gießen, da sind sich die Kinder sicher, fällt es durch den Waschlappen durch, denn er ist undicht.

Wir halten einen Waschlappen über eine Glasschüssel und gießen wenig Wasser darauf. Alles bleibt im Waschlappen.

Mike weiß, wann Wasser herauskommt: „Wenn wir mehr Wasser draufgießen, dann rinnt Wasser herunter." Gesagt, getan. Und wie kriegen wir das Wasser wieder aus dem Lappen heraus? „Mit Drücken", „mit Wringen", das wissen die Kinder. Der Rest der verbleibenden Feuchtigkeit trocknet erst auf der Leine, wenn das Wasser verdunstet und mit der Luft mitgeht.

 **Erklärung:**

Warum fällt nicht alles Wasser aus dem Waschlappen herunter?

Wasserteilchen sind „neugierig". Sie mögen nicht nur andere Wasserteilchen („Kohäsion", siehe Seite 154), sondern auch andere Stoffe, an die sie gerade herankommen („Adhäsion"): Kinderhände, Stoffe, Glas, Becher. Für einige Stoffe interessieren sie sich mehr, für andere weniger, z.B. Öl. In der Sprache der Kinder heißt das also: „Wasser mag Waschlappen." Wasser und Waschlappen ziehen sich gegenseitig an. So kann sich das Wasser am Waschlappen festhalten. Da der Waschlappen viele kleine Löcher und Kanäle hat, kann sich Wasser an vielen Stellen festhalten. Deshalb bleibt besonders viel Wasser im Waschlappen hängen.

 **Experiment:**

Fliegenklatsche

Material:

- (neue) Fliegenklatsche
- Schüssel
- Leitungswasser

2. Wasser klettert

So geht's:
Wir tauchen eine (neue) Fliegenklatsche in eine Schüssel mit Wasser. Langsam heben wir sie hoch und sind überrascht, dass durch die Löcher das Wasser nicht hindurchfällt, sondern darin hängen bleibt. Wie viel Wasser getragen wurde, spüren die Kinder nacheinander, wenn sie vom Fliegenklatschenwasser beregnet werden.

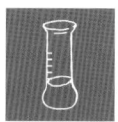

Experiment:

Wasser klettert

Material:
- Filtertüte für jedes Kind
- Schere
- Klebestreifen
- Glasschüssel
- Leitungswasser
- kleines Stück Karton

So geht's:
Ich frage die Kinder, ob Wasser wohl auch klettern kann. Skeptisch sehen sie mich an. Ich bitte die Kinder zu überlegen, was wohl ein geeignetes Klettergerüst für Wasser sein kann. Tom schlägt Pappe vor. Spontan suchen wir ein Stück Karton, das wir mit dem unteren Rand ins Wasser halten. Tatsächlich: Das Wasser steigt langsam in der Pappe hoch: Wasser kann klettern!
Nun schneiden wir eine Filtertüte, in der sich kleinste Kanäle befinden, so auseinander, dass wir sie nur noch einlagig ohne Prägerand vorliegen haben. Dann halten wir die untere Kante ins ca. 3 cm tiefe Wasser in einer Schüssel. Den oberen Filtertütenrand kleben wir mit einem Klebestreifen an der Schüssel fest. Das Wasser klettert jetzt allmählich nach oben. Auch, wenn nur der untere Teil der Filtertüte ins Wasser eintaucht, wird sie allmählich komplett nass. Nun klebt jedes Kind seine Filtertüte an die Schüssel und lässt Wasser daran klettern.

2. Wasser klettert

Experiment:

Wasser im Strohhalm

Material:
- durchsichtige Strohhalme unterschiedlicher Dicke
- Glasschüssel
- Leitungswasser

So geht's:
Wir halten einen durchsichtigen Strohhalm ins Wasser: Das Wasser klettert im Strohhalm ein kleines Stückchen nach oben, der Wasserspiegel im Strohhalm ist etwas über dem Wasserspiegel in der Schüssel.
Nun wollen wir einen dünneren Strohhalm ebenfalls ins Wasser halten.
Wie hoch wird in ihm das Wasser steigen? Die Kinder sind ratlos. Wir stellen fest, dass das Wasser im dünnen Strohhalm höher klettern kann als im dicken.

Erklärung:

Wie kann Wasser klettern?

Zum Klettern müssen sich die Wasserteilchen am Plastikstrohhalm festhalten (mittels Anziehungskräften). Die Wasserteilchen in der Mitte des Strohhalms können sich nicht am Rand festhalten, denn da kommen sie nicht ran. Sie müssen sich an anderen Wasserteilchen festhalten, die sich wiederum am Rand festhalten. So bilden die Wasserteilchen zur Mitte hin eine Kette von sich festhaltenden Wasserteilchen. Puh, ist das schwer, alle festzuhalten! Am besten geht das, wenn in der Mitte nicht so viele Wasserteilchen sind, wenn also der Strohhalm dünn ist. Dort kann das Wasser am besten nach oben klettern.

2. Wasser klettert

Experiment:

Wasserkletterrekord

Material:
- zwei kleine Glasscheiben (z.B. von Bilderrahmen)
- Zahnstocher
- Tesafilm
- Leitungswasser
- Glasschüssel

So geht's:

Das soeben Erklärte wollen wir in einem weiteren Experiment noch einmal bestätigt sehen. Wir kleben in der Nähe der kurzen Seite einer Glasscheibe einen Zahnstocher mit einem Klebestreifen fest.

Die zweite Scheibe legen wir darüber: Zwischen den Scheiben ist jetzt ein Spalt entstanden, der auf der Zahnstocherseite weiter, auf der anderen Seite enger ist. Auf welcher Seite wird das Wasser höher klettern können?

Die Kinder entscheiden sich für die enge Seite, denn im dünnen Strohhalm konnte das Wasser auch höher steigen. Nun halten wir diesen Spalt ins Wasser, sodass der Zahnstocher senkrecht eintaucht und ca. ein Drittel der Scheiben mit Wasser bedeckt ist. Wir ziehen die Scheiben wieder heraus und erkennen auf der engen Seite einen hohen Wasserfilm zwischen den Scheiben, auf der Seite des Zahnstochers einen geringen.

Die Wasserstandshöhe zeigt die Form einer Hyperbel. Das Wasser klettert dort am höchsten, wo der Abstand zwischen den Scheiben am geringsten ist. Auf der engen Seite sind in der Mitte nicht so viele Wasserteilchen festzuhalten, sodass das Wasser hier höher klettern kann.

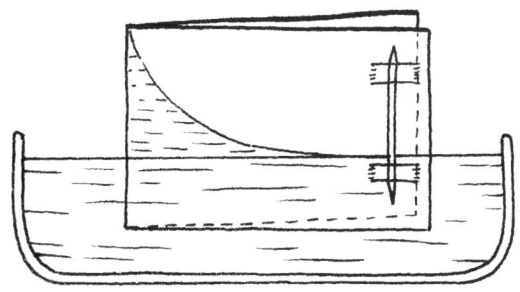

2. Wasser klettert

Spiel:

„Kletternde Wasserteilchen"

Material:
- zwei Leitern (oder eine Leiter und eine Sprossenwand)

So geht's:
Alle Kinder werden zu Wasserteilchen. Zwei Wasserteilchen klettern auf zwei gegenüber aufgestellte Leitern und halten sich daran fest.
Diese beiden nehmen nun in der Mitte ein Wasserteilchenkind an die Hand und ziehen dieses hoch. Puh, das geht kaum, denn das ist sehr schwer. Nun lassen die Kinder wieder los. Wir rücken die Leitern weiter auseinander. Nun wollen die Kinder wieder das Mittelkind hochziehen, doch die Arme sind zu kurz. Es müssen zwei Kinder in die Lücke, um eine Verbindung zu schaffen. Nun versuchen die Kinder wieder, die beiden Mittelkinder hochzuheben. Klappt nicht.
Also: Wenn der Abstand der Leitern zu groß ist, kann das Wasser nicht so hoch klettern, denn die Teilchen, die sich an den Randteilchen festhalten müssen, sind zu schwer.

bisschen schwer,
aber klappt kurz mal

zu schwer, *können nicht*
so hoch klettern, wenn der
Rand zum Festhalten so
weit auseinander ist

3. Wasser klettert weiter

Heute wollen wir wissen, wie sich die Pflanzen die Klettereigenschaften von Wasser zunutze machen.

Experiment:

Pflanzen trinken Wasser

Material:
- Selleriestange
- Leitungswasser
- gläserne Blumenvase
- blaue Lebensmittelfarbe

So geht's:

Wie können wir herausfinden, wie Pflanzen ihr Gießwasser aus der Erde aufnehmen? „Wir müssen buntes Wasser nehmen."

Bereits im Stuhlkreis haben wir vor ein paar Tagen Leitungswasser mit blauer Lebensmittelfarbe angefärbt.

Eine angeschnittene Stange Sellerie haben wir ins blaue Wasser gestellt.

Heute sehen wir uns das Ergebnis an: Einige Blätter sind blau gefärbt. In der Stange sind einzelne gefärbte Faserbahnen erkennbar. Das blaue Wasser ist in der Pflanze hochgeklettert.

Weil das Wasser klettern kann, kommt es in den Bäumen auch zu den obersten Blättern.

Damit das Wasser so weit hinaufkommt, bildet der Baum kleinste Kanälchen aus, in denen sich das kletternde Wasser besonders gut festhalten kann.

Bei unseren Blumen gießen wir deshalb die Erde nass, wenn wir der Blume Wasser geben wollen. Dann findet das Wasser über die Wurzeln den richtigen Weg in der Pflanze bis zu den Blättern ganz weit oben.

3. Wasser klettert weiter

Experiment:

Wasser ist mitreißend

Material:
- Filtertüte
- Schere
- Tesafilm
- Glasschüssel
- Leitungswasser
- wasserlösliche, dunkle Filzstifte

So geht's:
Wir schneiden wie im Experiment „*Wasser klettert*" (siehe Seite 161) einer Filtertüte den Rand ab und malen in ca. 2-cm-Abstand zum unteren Rand einen schwarzen Strich mit einem wasserlöslichen Filzstift auf. Was wird passieren, wenn wir die Filtertüte ins Wasser halten, sodass der Filzstiftstrich nicht unter die Wasseroberfläche kommt? Das Wasser nimmt beim Klettern die Filzstiftfarbe mit. Schon nach kurzer Zeit sieht die Farbe aber nicht mehr schwarz, sondern grün aus, denn die schwarze Farbe des Stiftes wurde aus grüner und roter Tinte gemischt. Die rote Tinte klettert weiter und schneller mit dem Wasser als die grüne, sodass beide getrennt werden. Erst durch die Mischung der beiden wurde die Tinte schwarz. Wir probieren anschließend noch einen braunen und einen blauen Filzstift aus.

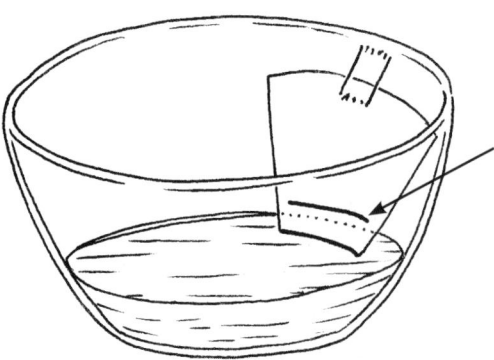

schwarzer Strich mit wasserlöslichem Filzstift ca. 2 cm über der Wasseroberfläche

Wasserforscher und Luftikusse

3. Wasser klettert weiter

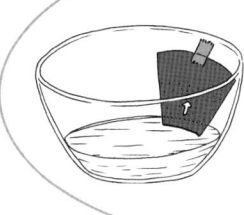

Bastelaktion:

Schmetterlinge basteln

Material:

- Filtertüten
- Klopapierrolle
- Scheren
- dunkle, wasserlösliche Filzstifte
- Leitungswasser
- Schüssel
- Klebestreifen
- Pfeifenputzer
- Wolle

So geht's:

Alle Kinder lassen dunkle Filz-
stifttinte auf Filtertüten wandern,
indem sie wie im Experiment
„Wasser ist mitreißend" (siehe
Seite 166) einen dunklen Filzstiftstrich auf eine Filtertüte auftragen,
die sie unten ins Wasser eintauchen. Die getrockneten Filtertüten

werden als Flügel an eine mit Wasserfarben bemalte Klopapierrolle geklebt. Aus
Pfeifenputzern erhält der Schmetterling seine Fühler. Mit einem Band versehen,
lassen sich die Schmetterlinge aufhängen.

Lied:

Vorschulkinderlied

Zum Abschluss singen wir noch einmal das Vorschulkinder-Lied (siehe Seite 171),
auch wenn ich nach diesem Jahr den Eindruck habe, dass aus unseren kleinen
Forschern nun große Schulkinder geworden sind.

Wasserforscher und Luftikusse

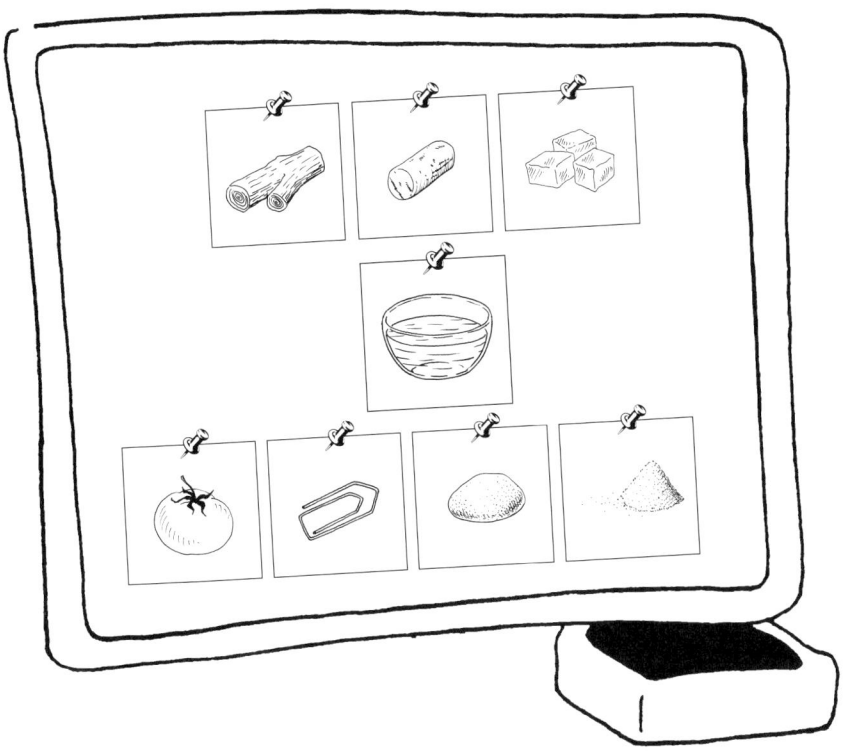

Anhang

Danksagung

Die Mitarbeiterinnen des evangelischen Kindergartens Arndtstraße in Essen-Kettwig haben mich mit meinem Vorschlag, im Kindergarten naturwissenschaftliche Experimente durchzuführen, offen und freudig aufgenommen. Bei der Durchführung aller Experimentierstunden haben sie mich tatkräftig unterstützt. Für die vielen Anregungen, Ideen und für ihre Freundschaft möchte ich insbesondere den Erzieherinnen Maike Schölzel und Monika Hoffmann herzlich danken. Am meisten berührt mich aber die behutsame Fürsorge und ihre Liebe, mit der sie ihren Kindern begegnen.

Den Eltern unserer Vorschulkinder danke ich für ihre allseits positiven Rückmeldungen, die mich bestärkt haben, dass das Konzept der naturwissenschaftlichen Bildung im Kindergarten aufgeht. Ihr Lob war für mich eine große Ermutigung, die Experimentierstunden in diesem Buch zusammenzufassen.

Den Vorschulkindern danke ich für ihre klugen Ideen, ihre schlauen Fragen, ihre herrlichen Verdichtungen und ihre Begeisterung, mit der sie die Experimente durchgeführt haben. Sie waren gleichzeitig auch meine ärgsten Kritiker, denn wenn's mal lang wurde, mussten plötzlich alle Pipi. Danke!

Und dann danke ich noch denen, ohne die ich mit dem Kindergarten gar nicht in Kontakt gekommen wäre: meinen Söhnen Jan und Julius. Sie haben mich mit ihren Fragen motiviert, mir kindgerechte und lebensnahe Erklärungen für komplizierte Zusammenhänge einfallen zu lassen.

Schließlich danke ich meinem Mann Christian: Er hat mit großer Toleranz die Sammlung unterschiedlichster „Verpackungen" ertragen, die vielleicht irgendwann mal zum Experimentieren benutzt werden könnten und Raum für Unmengen von leeren Marmeladengläsern geschaffen. Er hat mit uns über den Ausgang verschiedener Experimente gestaunt und sich das eine und andere mal gewundert, warum er dieses oder jenes nicht früher schon gewusst hat. Er hat mich begleitet und unterstützt auf diesem Weg abseits der Medizin. Ich danke ihm für seinen Humor und seine Liebe.

Lied: Vorschulkinderlied

Text und Melodie: Andrea Hündlings

2. Im Winter ist die Welt ganz weiß,
denn Wasser wird bei Kälte Eis.
Und wird das Eis mal wieder heiß,
wird's flüssig, wie ein jeder weiß.

3. Das Wasser kann mit Luft mitgeh'n.
Verdunstet können wir's nicht seh'n.
Das Wasser ist nur manchmal nass,
mal ist es fest, mal ist es Gas.

4. Die Schokolade wird ganz warm
In meiner Hand, an meinem Arm.
Sie schmilzt und schmiert, welch' Kleckerei,
oh jeminee, oweih oweih.

5. Das Wasser ist nur wenig dicht,
drum schwimmen die Tomaten nicht.
Rührt man ins Wasser Salz hinein,
kann die Tomate oben sein.

*(Experimentieren Sie mit
Grundschulkindern, so lässt
sich selbstverständlich statt
„Vorschulkinder" auch
„Grundschulkinder" singen.)*

Ausgearbeitete Experimentierstunden für 4- bis 7-Jährige

Lied: Wir singen laut, mal leise.

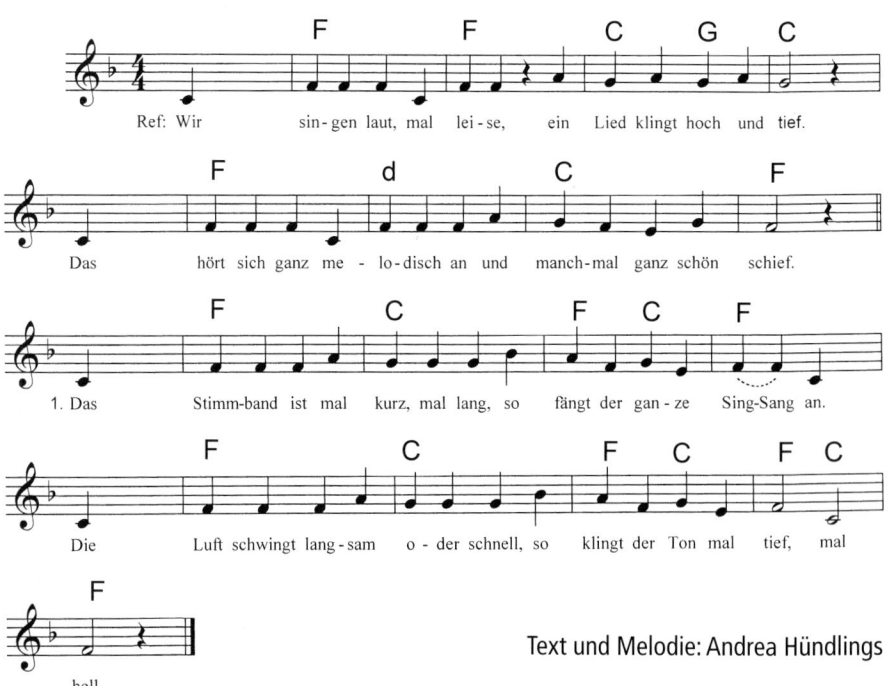

Ref: Wir sin-gen laut, mal lei-se, ein Lied klingt hoch und tief.

Das hört sich ganz me-lo-disch an und manch-mal ganz schön schief.

1. Das Stimm-band ist mal kurz, mal lang, so fängt der gan-ze Sing-Sang an.

Die Luft schwingt lang-sam o-der schnell, so klingt der Ton mal tief, mal

hell.

Text und Melodie: Andrea Hündlings

2. Das Mittelohr ist eine Kammer,
drinnen ist ein Hammer.
Geht's Trommelfell mal hin und her,
dann hämmert dieser Hammer sehr.

3. Der Hammer klopft beim Amboss an,
der Amboss stößt Steigbügel dann.
Die Schnecke kriegt von ihm den Stoß
und schickt dann Strom im Hörnerv los.

4. Der Strom kommt im Gehirn nun an,
bei jedem Kind, das hören kann.
Erst im Gehirn versteh'n wir still,
was uns ein and'rer sagen will.

Wasserforscher und Luftikusse

Vorschlag: Elternbrief

An die Eltern
unserer Vorschulkinder

Projekt: Naturwissenschaftliche Experimente

Liebe Eltern,
auch in diesem Jahr wollen wir wieder mit den Vorschulkindern naturwissenschaftliche
Experimente durchführen.

Mittwochs werden wir für eine Stunde mit den Kindern beispielsweise erforschen, wie
eine Rakete fliegen kann, wie die Luft die Schallwellen zum Trommelfell bringt oder wie
man Luft wahrnehmen kann, auch wenn sie nicht direkt sichtbar ist. Nicht die theoretische Wissensvermittlung steht hierbei im Vordergrund, vielmehr soll durch die Durchführung von Versuchen die Neugier der Kinder für die Naturwissenschaften geweckt werden.
Wir beschäftigen uns dabei nicht mit irgendwelchen abstrakten Fragestellungen, sondern
versuchen gemeinsam, Phänomene zu erklären, die alle Kinder schon mal beobachtet haben: Woher kommt das Wasser, wenn im Sommer die kühlschrankkalte Flasche nass wird,
oder warum geht die Kerze unter dem Kerzenlöscher aus?

Wir benutzen zum Experimentieren möglichst leicht zu beschaffende alltägliche Gegenstände. Wenn wir die Kinder beispielsweise fühlen lassen wollen, dass ein Ton durch das
Vibrieren eines Gegenstandes entstehen kann, benutzen wir dazu statt einer Stimmgabel
einen Topfdeckel, der mit einem Kochlöffel angeschlagen wird.

Zum Weiterexperimentieren bietet sich ein Schuhkarton an, in dem die wichtigsten Expe-
rimentierutensilien Platz finden: 2–3 leere Marmeladengläser mit Deckel, ein paar „runde" und ein paar „wurstförmige" Luftballons, ein bisschen Wolle oder Band, Strohhalme,
quaderförmige Margarinedosen und Gummiringe. Scheren und Tesafilm finden sich sicher
bei den übrigen Bastelsachen. Ein paar Teelichter, Streichhölzer oder ein Wasserkocher
gehören nicht in die Kiste, denn diese brauchen die Kinder nur, wenn Sie zum Mitexperimentieren Zeit und Lust haben. Die Kinder werden Ihnen vielleicht erzählen, wie das Experiment funktioniert. Sie werden mal ein paar Reiskörner oder Kochsalz, einen Topfdeckel
und einen Kochlöffel, mal Öl und Spülmittel zusätzlich benötigen, aber all diese Sachen
müssen sicher nicht in der Experimentierkiste gesammelt werden.

Wenn Sie überdies Fragen oder Anregungen zum Projekt haben, wenden Sie sich gerne an
das Kindergartenteam. Wir wünschen Ihnen Spaß beim Mitexperimentieren zu Hause!

Mit freundlichen Grüßen
Ihr Kindergartenteam

Schlangenschablone

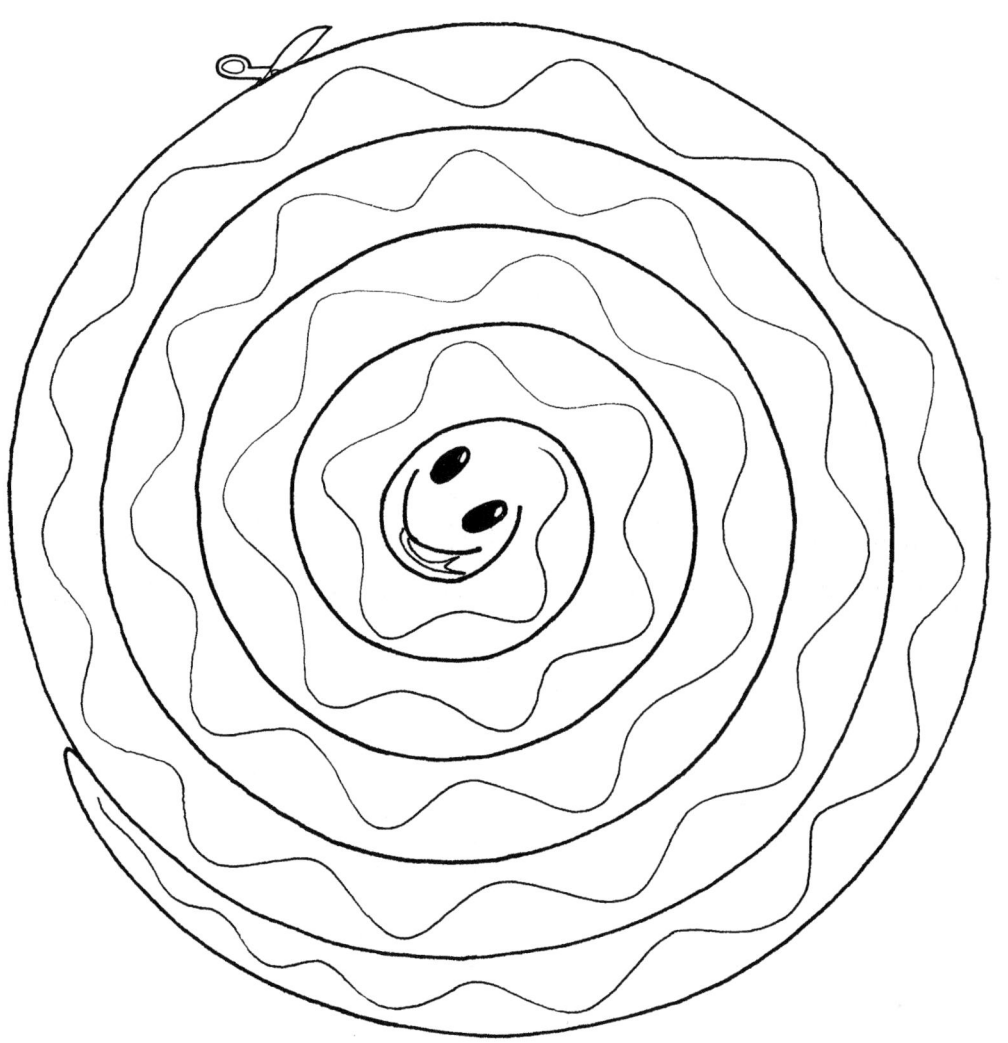

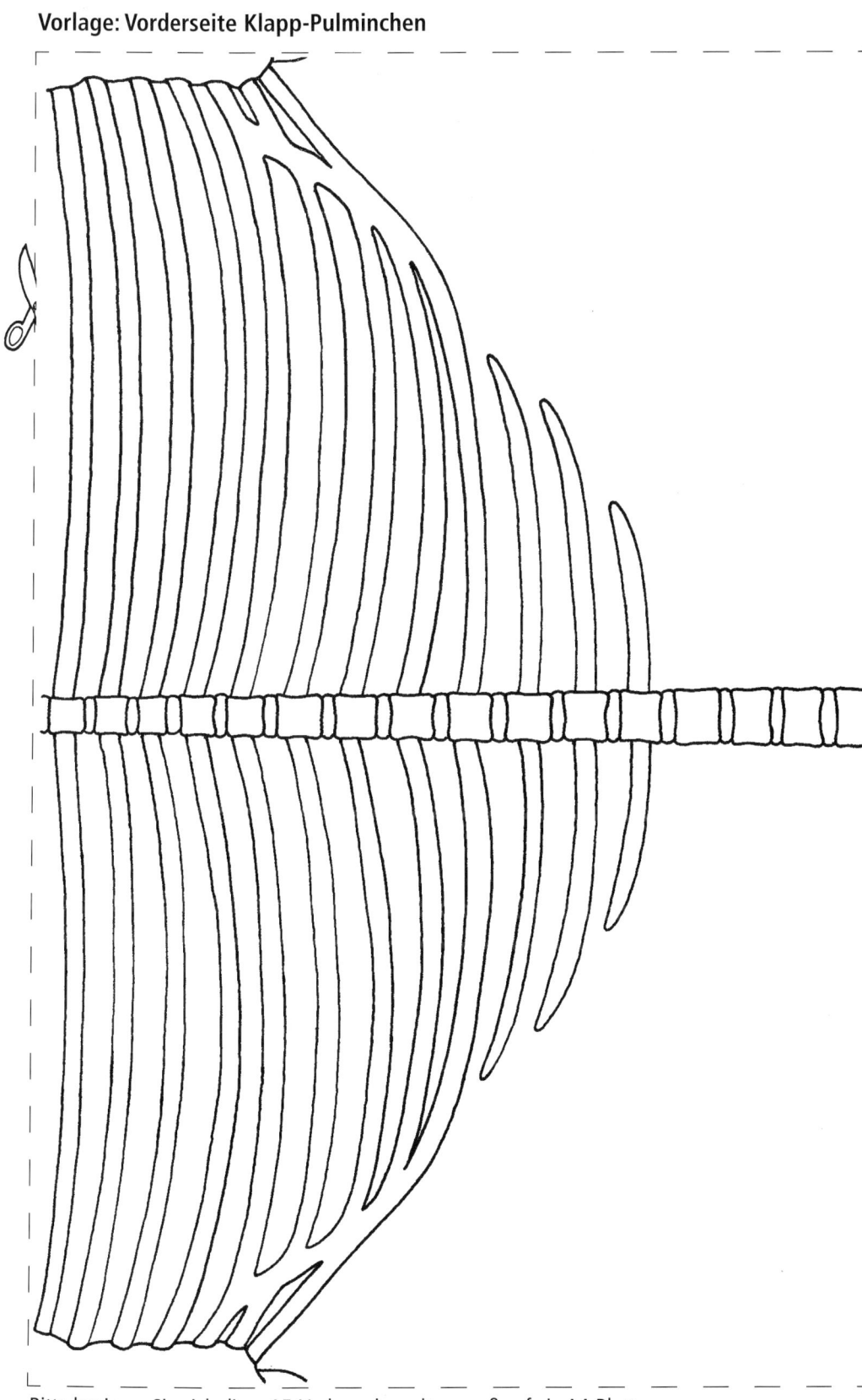

Bitte kopieren Sie sich diese A5-Vorlage doppelt so groß auf ein A4-Blatt.

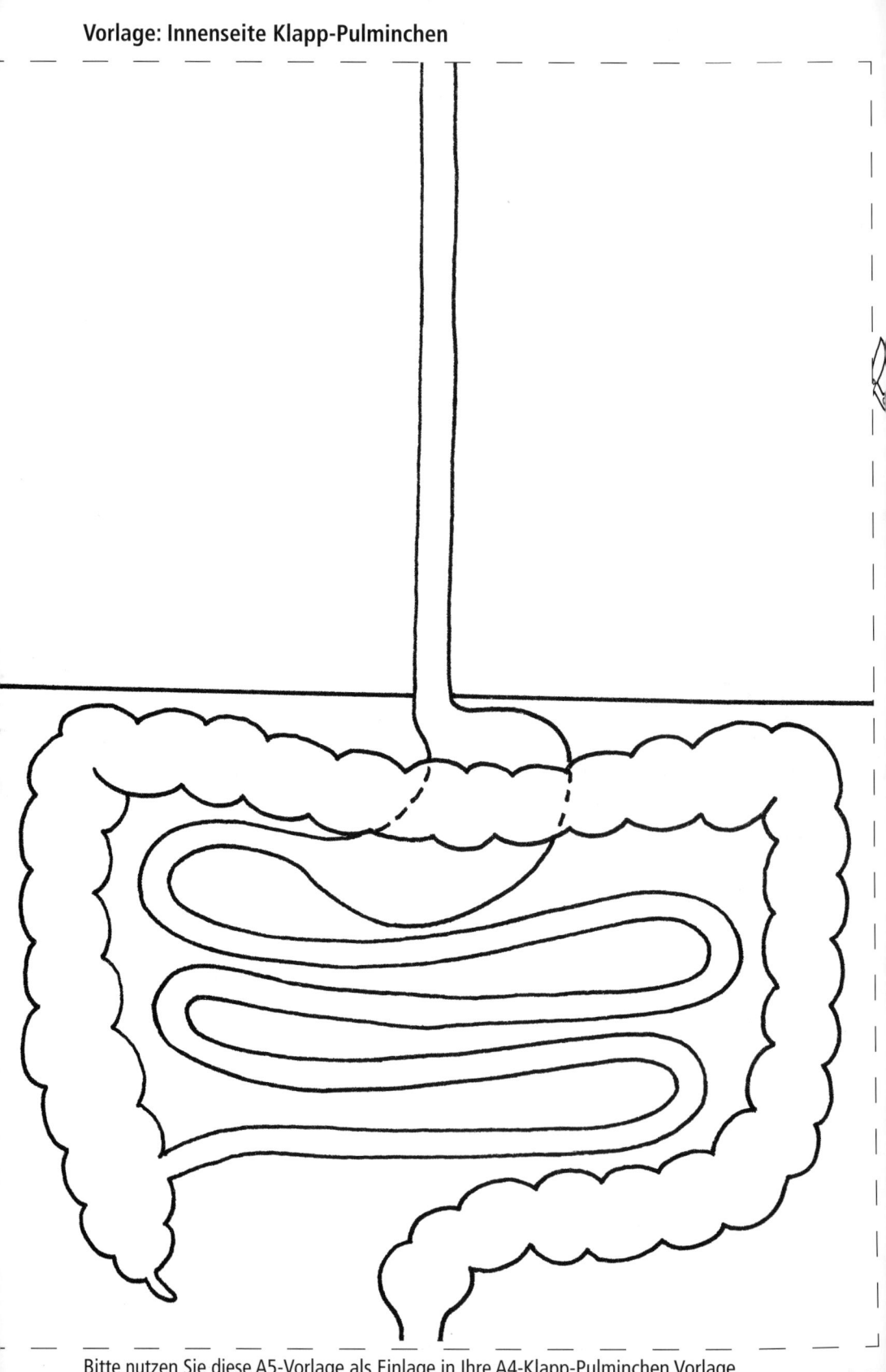

Bitte nutzen Sie diese A5-Vorlage als Einlage in Ihre A4-Klapp-Pulminchen Vorlage.

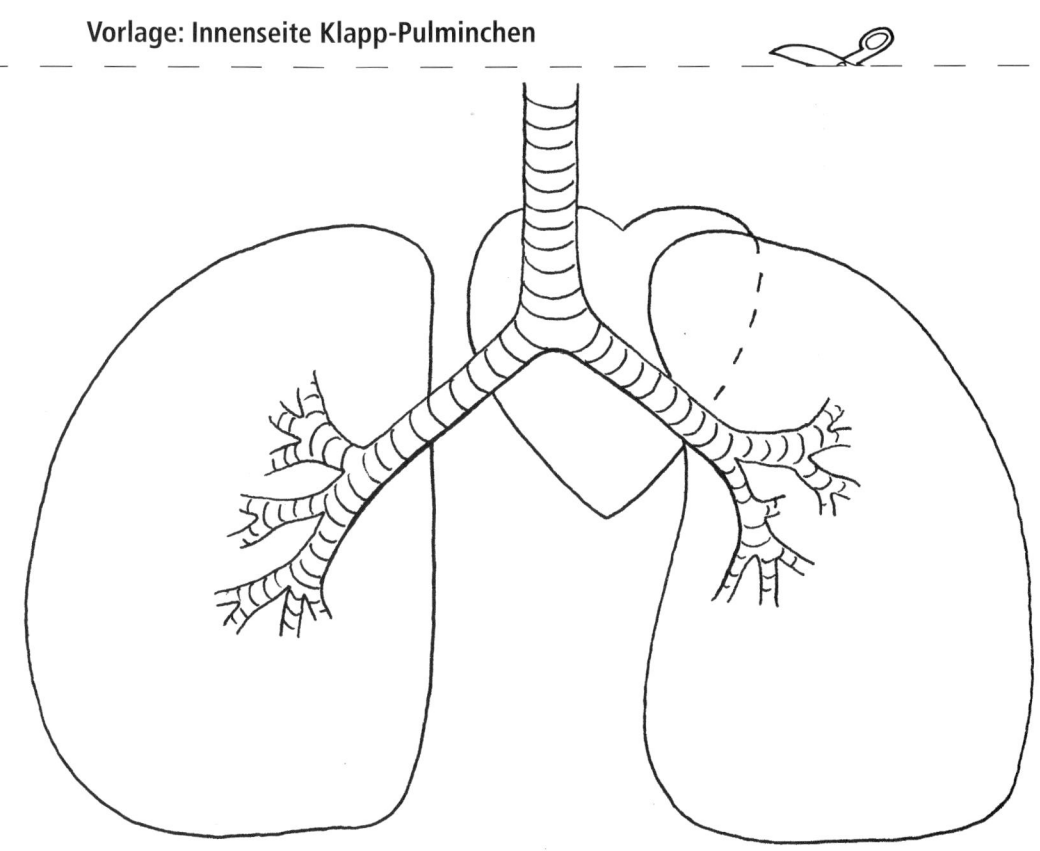

Bitte nutzen Sie diese halbe A5-Vorlage als Einlage in Ihre A4-Klapp-Pulminchen Vorlage. Befestigen Sie die Einlage mit einem Klebestreifen am linken Rand im Klapp-Pulminchen. So kann man hinter den Atmungsorganen nachblättern, um sich die Verdauungsorgane anzusehen.

Bitte kopieren Sie sich diese A5-Vorlage doppelt so groß auf ein A4-Blatt.

Vorlage: Ohr-Modell, Gehörknöchelchen

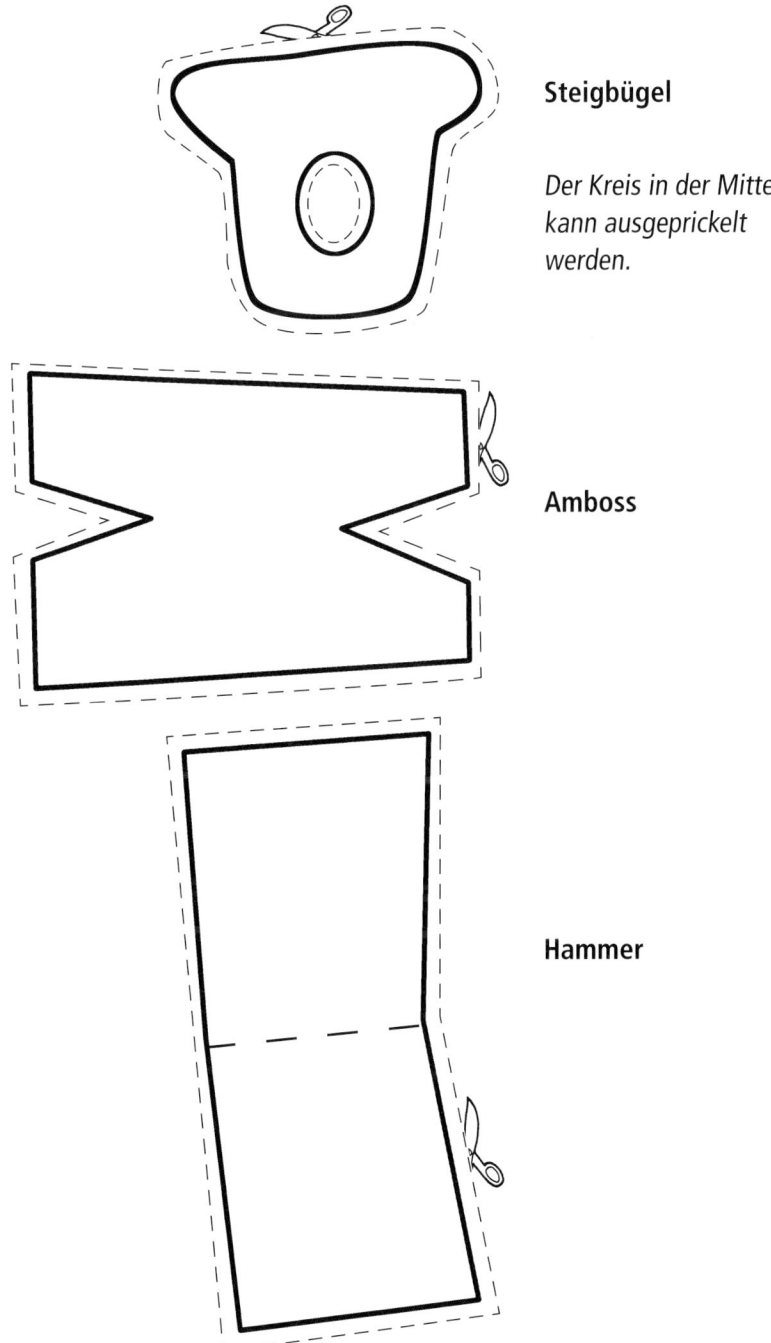

Steigbügel

Der Kreis in der Mitte kann ausgeprickelt werden.

Amboss

Hammer

Bildkarten für die Ergebnisdiagramme

flüssig   gasförmig

WASSER   WASSERDAMPF

APFELSAFT   SAUERSTOFF

MILCH   KOHLENDIOXID

Wasserforscher und Luftikusse

Bildkarten für die Ergebnisdiagramme

fest

3 Aggregatzustände Kerzenwachs

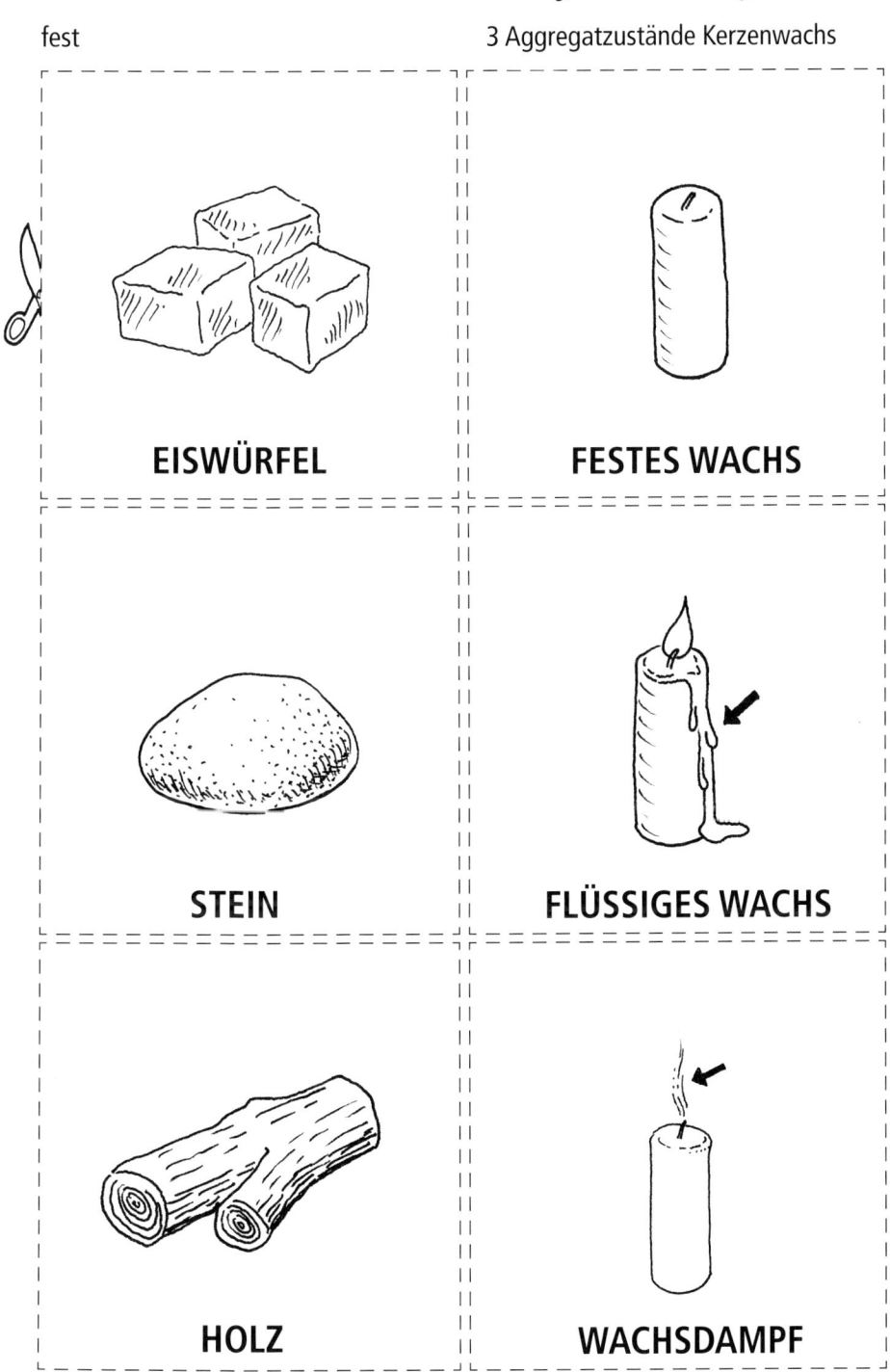

EISWÜRFEL

FESTES WACHS

STEIN

FLÜSSIGES WACHS

HOLZ

WACHSDAMPF

Bildkarten für die Ergebnisdiagramme

KORKEN

SAND

BÜROKLAMMER

KALTES WASSER

TOMATE

WARMES WASSER

Wasserforscher und Luftikusse

Bildkarten für die Ergebnisdiagramme

SALZWASSER

?

WARME LUFT

KALTE LUFT

FESTE SCHOKOLADE

FLÜSSIGE SCHOKOLADE

Literatur- und Internet-Tipps

Kinderbücher

Grabis, Bettina; Trerotola, Remo:
**Löwenzahn – Abenteuer Luftfahrt/
Erlebnis Wasser.**
Xenos, 2005.
ISBN 978-3-8212-3037-5

Lionni, Leo:
Fisch ist Fisch.
Beltz, 2006.
ISBN 978-3-407-76024-1

Mitgutsch, Ali:
Komm mit ans Wasser.
Ravensburger Buchverlag, 1994.
ISBN 978-3-473-30683-1

Weinhold, Angela:
Experimentieren und Entdecken.
Ravensburger Buchverlag, 2004.
ISBN 978-3-473-33302-8

Literatur für Pädagogen

Bender, Iris; Gleiß, Anke:
**Die Experimente-Kartei für die
Grundschule.**
Verlag an der Ruhr, 2004.
ISBN 978-3-86072-936-6

Van Saan, Anita:
365 Experimente für jeden Tag.
moses verlag, 2002.
ISBN 978-3-89777-113-0

Stascheit, Wilfried:
Die Kinder-Lernwerkstatt: Wasser.
Verlag an der Ruhr, 2007.
ISBN 978-3-8346-0238-1

Hecker, Joachim:
**Der Kinder Brockhaus. Experimente.
Den Naturwissenschaften auf der Spur.**
Brockhaus, 2005.
ISBN 978-3-7653-2401-7

Lück, Gisela:
**Handbuch der naturwissenschaftlichen
Bildung.**
Herder, 2003.
ISBN 978-3-451-28059-7

Merthan, Bärbel:
**Mit Wasser, Watte und Zuckerwürfel.
Erste Experimente im Kindergarten.**
Herder, 2004.
ISBN 978-3-451-28262-1

Internettipps

www.labbe.de/zzzebra/index.asp
Viele verschiedene Bastelanregungen,
Informationen, Spielideen nicht nur zu
den Themen Wasser und Luft.

www.kidsweb.de/experi/experinh.htm
Eine Seite mit vielen Experimenten u.a.
auch zu den Themen Wasser und Luft.

www.verlagruhr.de
*Die in diesem Werk angegebenen Internet-
adressen haben wir geprüft (Stand Mai
2007). Da sich Internetadressen und deren
Inhalte schnell verändern können, ist nicht
auszuschließen, dass unter einer Adresse
inzwischen ein ganz anderer Inhalt angeboten wird. Wir können daher für die angegebenen Internetseiten keine Verantwortung
übernehmen.*